DER ULTIMATIVE LEITFADEN ZUM KOCHEN MIT ZITRONEN

100 SÜSSE UND herzhafte Rezepte, die jede Mahlzeit verschönern

Gerlind Pfeiffer

Sommario

EINFÜHRUNG

Üppig belaubte Zitronenbäume sind in Kalifornien, wohin wir gezogen sind, als ich neun war, so verbreitet wie Hinterhofschwimmbäder. Das ganze Jahr über liegt ihr Duft in der Luft, vor allem der der dünnschaligen, ringelblumengelben Meyer-Zitrone. Es gibt auch rauschalige, eiförmige Eureka- und Lissabon-Zitronen in hellgelben und grünen Farbtönen. Aber ihr sonniges Aussehen täuscht darüber hinweg, was drin ist – eine Frucht, die fast unmöglich zu essen ist, wie es im Lied von Peter, Paul und Maria heißt: „Zitronenbaum, sehr hübsch, und die Zitronenblüte ist süß, aber die Frucht der armen Zitrone ist unmöglich zu essen.".".

Die kompromisslose Säure einer Zitrone – scharf genug, um einen Wabentunnel von einem Ende meines Pfefferminzstäbchens zum anderen zu bilden – verleiht eine intensive Frische, die für den guten Geschmack Ihrer Küche genauso wichtig ist wie Salz. Ein Spritzer Zitronensaft peppt herzhafte Gerichte auf und verleiht Desserts eine unverwechselbare Note. Zitronenschale verleiht allem einen Hauch Zitronengeschmack, von reichhaltigen Ziegenkäse-Gnocchi und cremigem Risotto bis hin zu Maismehlwaffeln und beliebten Zitronenriegeln. Ganze Zitronen – konserviert, eingelegt, püriert, gesalzen – werden zu köstlichen Gewürzen, deren Säure durch die ähnlich kräftigen Aromen des Nahen Ostens und Südostasiens gedämpft wird.

Zitronenschalenstreifen garnieren Cocktails und verfeinern den Inhalt köchelnder Töpfe mit kraftvoller Zitronenessenz. Obwohl es mir am Herzen liegt, hauptsächlich mit Zutaten zu kochen, die in der Nähe wachsen und Saison haben,

FRÜHSTÜCKE

1. Gebackene Eier mit Zitrone, Sahne und Mohn

Ergibt 4 Portionen

ZUTATEN

6 Teelöffel Zitronen-Olivenöl, natives Olivenöl extra oder geschmolzene Butter, aufgeteilt

1 mittelgroße Schalotte, fein gehackt, geteilt

2 Esslöffel fein abgeriebene Zitronenschale, geteilt

1 Unze Parmesankäse, fein gerieben (ca. ½ Tasse), geteilt

¾ Tasse Sahne, geteilt

Koscheres Salz

8 Eier, zimmerwarm

2 Teelöffel Mohn, geteilt

4 Teelöffel fein gehackter frischer Schnittlauch, geteilt

RICHTUNGEN

Heizen Sie den Ofen auf 350 Grad F vor.

Den Boden und die Seiten von vier ofenfesten Auflaufförmchen oder Backformen gründlich bestreichen und jeweils 1½ Teelöffel Öl verwenden. Legen Sie die Auflaufförmchen mit Rand auf ein Backblech (um das Hinein- und Herausnehmen aus dem Ofen zu erleichtern).

Die Schalotte auf die Auflaufförmchen verteilen und nicht mehr als 2 Teelöffel pro Gericht hinzufügen. In jede Auflaufform 1½ Teelöffel Schale und 1 Esslöffel Käse geben, mit 1 Esslöffel Sahne bedecken und mit einer Prise Salz würzen. Schlagen Sie vorsichtig zwei Eier in jede Schüssel auf und beginnen Sie mit einem neuen, wenn das Eigelb bricht. Über jedes Eigelb 2 Esslöffel der restlichen Sahne gießen und mit 1 Esslöffel des restlichen Käses, ½ Teelöffel Mohn und einer Prise Salz bestreuen. 10 bis 12 Minuten backen oder bis die Eier leicht fest sind. Jedes Ei mit 1 Teelöffel Schnittlauch garnieren und sofort servieren.

2. Doppel-Zitronen-Dutch-Baby

Ergibt einen 10-Zoll-Pfannkuchen

ZUTATEN

1 Tasse ungebleichtes Allzweckmehl

1 Esslöffel Kristallzucker

Großzügige Prise koscheres Salz

Samen von 4 bis 5 grünen Kardamomkapseln

4 Eier

1 Tasse Vollmilch

1 Esslöffel fein geriebene Zitronenschale

$\frac{1}{4}$ Tasse ($\frac{1}{2}$ Stange) ungesalzene Butter

$\frac{1}{4}$ Tasse Puderzucker

2 Esslöffel frisch gepresster Zitronensaft

RICHTUNGEN

Heizen Sie den Ofen auf 425 Grad F vor und stellen Sie einen Rost in die Mitte des Ofens.

In einer kleinen Schüssel Mehl, Kristallzucker und Salz verrühren. Die Kardamomsamen mit Mörser und Stößel oder einer sauberen Kaffeemühle fein zermahlen und zu den trockenen Zutaten geben. Beiseite legen. In einer großen Schüssel die Eier mit der Milch und der Schale leicht verquirlen. Die trockenen Zutaten hinzufügen und leicht verrühren, bis alles gut vermischt ist. Der Teig muss nicht ganz glatt sein, aber achten Sie darauf, dass keine großen Mehlklumpen vorhanden sind.

In einer mittelgroßen gusseisernen Pfanne (25 cm) bei mittlerer bis hoher Hitze die Butter schmelzen, dabei die Pfanne gelegentlich schwenken, bis die Butter sehr heiß und schaumig ist und fast anfängt zu bräunen. Den Teig sofort einfüllen und die Pfanne in den Ofen stellen. 20 Minuten backen oder bis die Ränder aufgebläht und braun sind und die Mitte des Pfannkuchens aufgebläht ist. Nehmen Sie die Pfanne aus dem Ofen, bestreuen Sie den Pfannkuchen gleichmäßig mit Puderzucker und stellen Sie ihn für weitere 2 bis 3 Minuten in den Ofen. Den Zitronensaft darüber streuen und sofort servieren.

3. Zitronenmuffins mit kristallisiertem Ingwer

Ergibt 1 Dutzend Muffins

ZUTATEN

$1\frac{3}{4}$ Tassen ungebleichtes Allzweckmehl

2 Teelöffel Backpulver

$\frac{3}{4}$ Teelöffel koscheres Salz

$\frac{1}{2}$ Teelöffel Backpulver

1 kleine dünnhäutige Zitrone

10 Esslöffel ($1\frac{1}{4}$ Stangen) ungesalzene Butter, bei Zimmertemperatur

1 eine Tasse Zucker

2 Eier

1 Teelöffel Vanilleextrakt

1 Tasse griechischer Vollmilchjoghurt

$\frac{1}{2}$ Tasse plus 3 Esslöffel grob gehackter kandierter Ingwer, geteilt

FÜR DIE GLASUR:

$\frac{1}{2}$ Tasse Puderzucker

1 Esslöffel plus 1 Teelöffel frisch gepresster Zitronensaft

RICHTUNGEN

Heizen Sie den Ofen auf 350 Grad F vor. Legen Sie eine normale 12-Tassen-Muffinform mit Papierförmchen aus oder bestreichen Sie sie leicht mit Butter und bestäuben Sie sie mit Mehl.

In einer kleinen Schüssel Mehl, Backpulver, Salz und Natron verquirlen. Beiseite legen.

Schneiden Sie die Blüten- und Stielenden der Zitrone ab, entfernen Sie so viel Schale, dass das Fruchtfleisch sichtbar ist, und halbieren Sie sie dann. Drücken Sie jede Hälfte vorsichtig über einer Schüssel aus, um die Kerne zu lösen und etwas Saft zu entfernen, bevor Sie die Hälften in kleinere Stücke schneiden und dabei alle Kerne entfernen. Geben Sie die Stücke und den Saft in einen Mixer oder die Schüssel einer

Küchenmaschine und verarbeiten Sie sie, bis die größten Stücke die Größe eines Reiskorns haben. Beiseite legen.

In der Schüssel einer Küchenmaschine mit Rühraufsatz oder mit einem elektrischen Handmixer Butter und Zucker bei mittlerer bis hoher Geschwindigkeit ca. 5 Minuten lang schaumig schlagen. Kratzen Sie mit einem Spatel die Seiten der Schüssel ab, reduzieren Sie dann die Geschwindigkeit auf mittlere Stufe und geben Sie die Eier einzeln hinzu und verrühren Sie alles, bis alles gut vermischt ist. Fügen Sie die Vanille hinzu und schlagen Sie einige Sekunden lang.

Ein Drittel der trockenen Zutaten hinzufügen und bei niedriger Geschwindigkeit vermischen, dann die Geschwindigkeit auf mittlere Stufe erhöhen und 1 Minute lang verrühren. Die Hälfte des Joghurts dazugeben und kurz verrühren. Fügen Sie die Hälfte der restlichen trockenen Zutaten hinzu und verrühren Sie alles bei niedriger Geschwindigkeit, bevor Sie die Geschwindigkeit für 1 Minute auf mittlere Stufe erhöhen. Mit dem restlichen Joghurt und den trockenen Zutaten wiederholen. Kratzen Sie mit einem Spatel den Boden und die Seiten der Schüssel ab und heben Sie die gehackte Zitrone und eine halbe Tasse kandierten Ingwer unter. Mit einem Eisportionierer den Teig gleichmäßig auf die vorbereiteten Muffinförmchen verteilen.

35 bis 45 Minuten backen oder bis sich die Muffins wieder anfühlen. Vor dem Glasieren auf einen Rost legen und vollständig abkühlen lassen.

Für die Glasur den Puderzucker und den Zitronensaft in einer kleinen Schüssel mit einer Gabel glatt rühren. Auf jedes Muffin eine kleine Menge geben und mit der Rückseite des Löffels leicht verteilen. Die restlichen 3 Esslöffel kristallisierten Ingwer fein hacken und über die Muffins streuen.

4. Zitronen-Maismehl-Ricotta-Waffeln

Ergibt etwa ein Dutzend belgische Waffeln mit einem Durchmesser von 10 cm

SECHZEHN 3-ZOLL-PFANNKUCHEN

ZUTATEN

2 Tassen ungebleichtes Allzweckmehl

¼ Tasse Maismehl

¼ Tasse Zucker

2 Teelöffel Backpulver

1 Teelöffel koscheres Salz

Knapp ½ Teelöffel frisch geriebene Muskatnuss

½ Teelöffel Backpulver

1 Tasse Vollmilch

⅓ Tasse frisch gepresster Zitronensaft (von 2 mittelgroßen Zitronen)

2 Esslöffel fein gehackte Zitronenschale (von 2 mittelgroßen Zitronen)

2 Eier

¼ Tasse (½ Stange) plus 2 Esslöffel ungesalzene Butter, geschmolzen und abgekühlt, geteilt

¾ Tasse hausgemachter oder im Laden gekaufter Ricotta-Käse

1 Teelöffel Vanilleextrakt

RICHTUNGEN

Heizen Sie den Ofen auf 200 Grad F vor. Heizen Sie das Waffeleisen gemäß den Anweisungen des Herstellers vor. In einer großen Schüssel Mehl, Maismehl, Zucker, Backpulver, Salz, Muskatnuss und Backpulver verrühren. In einer mittelgroßen Schüssel Milch, Zitronensaft und -schale sowie Eier verquirlen und dann ¼ Tasse Butter unterrühren. Geben Sie die feuchten Zutaten zu den trockenen und vermischen Sie sie, bis sie feucht sind. Es ist in Ordnung, wenn einige Klumpen zurückbleiben. In einer kleinen Schüssel alle Ricottaklumpen mit einer Gabel aufbrechen und die Vanille untermischen. Den Käse mit einem Spatel vorsichtig unter den Teig heben. Nicht zu viel mischen; Der Teig kann dick und leicht klumpig sein.

Das Waffeleisen leicht mit den restlichen 2 Esslöffeln Butter bestreichen. Gießen Sie so viel Teig in das Waffeleisen, dass das Gitter gerade bedeckt ist (ca. ⅓Tasse). Verschließen und gemäß den Anweisungen des Herstellers ca. 2 bis 3 Minuten goldbraun backen. Legen Sie die fertigen Waffeln auf ein Backblech, damit sie warm bleiben, während Sie den Rest zubereiten.

Wenn Sie Pfannkuchen backen, bestreichen Sie eine Bratpfanne leicht mit Butter und schmelzen Sie die Butter bei mittlerer Hitze. Gießen Sie portionsweise ¼ Tasse Teig pro Pfannkuchen auf die Grillplatte. Kochen, bis die Oberfläche Blasen bildet und die Ränder leicht trocken sind, etwa 4 Minuten. Wenden und weitere 3 bis 4 Minuten garen, bis der Boden goldbraun ist. Gekochte Pfannkuchen zum Warmhalten auf ein Backblech legen.

Da aufgewärmte Waffeln genauso gut schmecken wie die heißen Waffeln aus dem Waffeleisen, bereite ich normalerweise eine ganze Ladung vor und backe sie, auch wenn die frischen Waffeln nur für zwei Personen sind. Lassen Sie die zusätzlichen Waffeln vollständig abkühlen, geben Sie sie in einen Ziploc-Gefrierbeutel und frieren Sie sie bis zu 2 Monate lang ein. Für einen spontanen Frühstücksgenuss legen Sie die gefrorenen Waffeln (Sie müssen sie nicht auftauen) in einen Toaster oder Toaster, bis sie heiß und knusprig sind. Um eine größere Menge aufzuwärmen, knusprig sie etwa 10 Minuten lang in einem auf 350 Grad F vorgeheizten Ofen knusprig machen.

5. Gegrillte Himbeerwaffeln

MACHT: 2
GESAMTZEIT: 10 Minuten

ZUTATEN DER
WAFFELN
- 1/2 Tasse Mandelmehl
- 2 Esslöffel Leinsamenmehl
- 1/3 Tasse Kokosmilch
- 1 Teelöffel Vanilleextrakt
- 1 Teelöffel Backpulver
- 2 Esslöffel Süßstoff
- 7 Tropfen flüssiges Stevia

DIE FÜLLUNG
- 1/2 Tasse Himbeeren
- Schale von 1/2 Zitrone
- 1 Esslöffel Zitronensaft
- 2 Esslöffel Butter
- 1 Esslöffel Süßstoff

RICHTUNGEN
a) In einer großen Rührschüssel alle Waffelzutaten vermischen.
b) Ein Waffeleisen vorheizen und den Teig einfüllen.
c) Lassen Sie es kochen, bis die Lampe grün leuchtet oder der Dampfpegel auf ein sicheres Niveau gesunken ist.
d) Die Waffeln aus dem Ofen nehmen und zum etwas Abkühlen beiseite stellen.
e) Butter und Süßstoff in einer Pfanne auf dem Herd erhitzen. Himbeeren, Zitronensaft und Zitronenschale hinzufügen. Rühren, bis die Konsistenz einer Marmelade erreicht ist.
f) Die Himbeerfüllung zwischen zwei Waffeln geben, in eine Pfanne geben und von jeder Seite 1-2 Minuten backen.

SALATE

6. Gehobelter Zucchinisalat mit Zitrone und Majoran

Ergibt 4 bis 6 Portionen

ZUTATEN

1½ Pfund (etwa 3 bis 4 kleine) Zucchini, der Länge nach auf einer Mandoline oder mit einem Gemüseschäler in dünne Scheiben geschnitten

2 Teelöffel koscheres Salz

3 Esslöffel frisch gepresster Zitronensaft

1 kleine Schalotte, auf einer Mandoline in dünne Scheiben geschnitten oder fein gehackt

1 Esslöffel fein geriebene Zitronenschale

¼ Tasse natives Olivenöl extra

1 Esslöffel fein gehackter frischer Majoran

Pecorino-Romano-Käsespäne zum Garnieren (optional)

RICHTUNGEN

In einem Sieb über einer Schüssel oder in der Spüle Zucchinistreifen und Salz vermengen. Gut umrühren, um die Bänder zu bedecken, und 10 Minuten ruhen lassen. Nehmen Sie nach 10 Minuten die Zucchini in mehrere große Handvoll auf und drücken Sie jeweils vorsichtig etwas Feuchtigkeit heraus.

In einer großen Schüssel den Zitronensaft mit der Schalotte und einer kleinen Prise Salz vermischen. Fügen Sie die Schale hinzu und verrühren Sie das Öl in einem langsamen, gleichmäßigen Strahl. Den Majoran einrühren und die Zucchinistreifen in die Schüssel geben und umrühren, bis sie gleichmäßig bedeckt sind. Sofort servieren, mit den Käsespänen garnieren.

7. Grünkohl und Brüssel mit Zitronen-Butter-Vinaigrette

Ergibt 4 bis 6 Portionen

ZUTATEN

2 kleine Bündel Lacinato-Grünkohl (ca. 1 Pfund), Stiele entfernt und Blätter in dünne Streifen geschnitten

8 Unzen Rosenkohl (ca. 12 bis 16), halbiert und in dünne Scheiben geschnitten

¼ kleine rote Zwiebel, in dünne Scheiben geschnitten

½ Tasse (1 Stange) ungesalzene Butter, in kleine Stücke schneiden

FÜR DIE VINAIGRETTE:

¼ Tasse Weißweinessig

⅓ Tasse frisch gepresster Zitronensaft (von 2 mittelgroßen Zitronen)

1 Esslöffel fein gehackte Zitronenschale

2 Esslöffel fein gehackte Schalotte

Eine Prise koscheres Salz

¼ Tasse natives Olivenöl extra

1 Esslöffel Honig

Frisch gemahlener schwarzer Pfeffer

1 feste, reife Avocado, entkernt und gewürfelt

¼ Tasse geröstete Sonnenblumenkerne

RICHTUNGEN

In einer großen Schüssel Grünkohl, Rosenkohl und Zwiebeln vermengen. Legen Sie den Salat beiseite, während Sie die Butter anbraten.

In einer kleinen, hellen Pfanne, in der Sie die Farbe der Butter sehen können, die Butter bei mittlerer Hitze schmelzen und gelegentlich schwenken, um sicherzustellen, dass sie gleichmäßig schmilzt. Es beginnt zu schäumen und die Farbe zu ändern, von hellgelb über goldbraun zu einem etwas dunkleren, gerösteten Braun, das nussig riecht. Nehmen Sie die Pfanne vom Herd und geben Sie den Inhalt in eine kleine hitzebeständige Schüssel. Die Milchfeststoffe haben sich am Boden der Pfanne abgesetzt und sind gebräunt. Lassen Sie so viel Sediment wie möglich zurück. Die Butter beiseite stellen.

In einer mittelgroßen, nicht reaktiven Schüssel Essig und Zitronensaft mit der Schale, der Schalotte und einer großen Prise Salz vermischen. Das Öl mit der warmen Butter verrühren und den Honig hinzufügen. Die Mischung langsam unter ständigem Rühren in den Essig und den Zitronensaft träufeln, bis die Vinaigrette emulgiert. Überprüfen Sie die Gewürze und fügen Sie nach Belieben Salz und Pfeffer hinzu.

Geben Sie etwa $\frac{1}{4}$ Tasse der warmen Vinaigrette zum Grünzeug und massieren Sie es mit den Händen, bis es etwas weicher wird und sich weniger roh anfühlt. Fügen Sie weiterhin einige Esslöffel der Vinaigrette hinzu, bis das Gemüse gut durchgezogen, aber nicht durchnässt ist (bewahren Sie die überschüssige Vinaigrette für eine andere Verwendung auf). Avocado und Sonnenblumenkerne dazugeben, vermischen und sofort servieren.

8. Tomaten-Grünbohnen-Salat mit Zitronenvinaigrette

Ergibt 8 Portionen

ZUTATEN

FÜR DIE VINAIGRETTE:

1 Esslöffel plus 1½ Teelöffel fein gehackte Schalotte

3 Esslöffel frisch gepresster Zitronensaft

Eine Prise koscheres Salz

1 Esslöffel Dijon-Senf

2 Teelöffel Honig

½ Tasse natives Olivenöl extra

6 Esslöffel grob gehackte weiche Kräuter wie Petersilie, Basilikum, Estragon und Schnittlauch

1½ Teelöffel fein abgeriebene Zitronenschale

½ eingelegte Zitrone oder im Laden gekauft, Fruchtfleisch wegwerfen und fein gehackte Schale

Frisch gemahlener schwarzer Pfeffer

2 Pints gemischte Kirschtomaten, halbiert

1½ Pfund grüne Bohnen, geputzt

2 Unzen Ricotta-Salata-Käse, mit einem Gemüseschäler gehobelt

RICHTUNGEN

Für die Vinaigrette in einer kleinen, nicht reaktiven Schüssel die Schalotten und den Zitronensaft mit dem Salz vermischen. 10 Minuten ruhen lassen, damit die Schalotten weich werden und leicht süßen. Dann den Senf und den Honig dazugeben und unter ständigem Rühren langsam das Öl hineinträufeln, bis die Vinaigrette emulgiert. Kräuter, Zitronenschale und eingelegte Zitrone unterrühren und mit Salz und Pfeffer abschmecken.

In einer mittelgroßen Schüssel die Tomaten mit einer halben Tasse Vinaigrette vermischen und zum Marinieren mindestens 20 Minuten beiseite stellen, oder bis Sie bereit sind, den Salat zu servieren.

Während die Tomaten marinieren, einen Topf mit reichlich Salzwasser zum Kochen bringen. Kochen Sie die Bohnen etwa 4 Minuten lang, bis sie gerade zart sind. Lassen Sie sie in einem Sieb abtropfen und kühlen Sie die Bohnen ab, indem Sie sie kurz unter kaltes Wasser halten. Verteilen Sie sie auf einem mit einem sauberen Handtuch ausgelegten Backblech. Beiseite stellen, bis es vollständig abgekühlt und trocken ist.

Kurz vor dem Servieren die Bohnen und Ricotta-Salata-Späne zu den Tomaten und der Vinaigrette geben. Die Zutaten vermischen, die restliche Vinaigrette dazugeben und mit zusätzlichem Salz und Pfeffer abschmecken. Vor dem Servieren 10 Minuten marinieren.

9. Weizen-Karotten-Salat mit eingelegter Zitrone

Ergibt 4 bis 6 Portionen

ZUTATEN

1 Tasse geschroteter Weizen

1 Teelöffel koscheres Salz

½ eingelegte Zitrone oder im Laden gekauft

⅓ Tasse natives Olivenöl extra

2 bis 3 Esslöffel frisch gepresster Zitronensaft (je nachdem, wie zitronig Sie Ihr Dressing mögen)

2 Teelöffel grob gehackter Knoblauch

¾ Teelöffel Kreuzkümmel, geröstet und gemahlen

3 Karotten, dünn geschnitten (ca. 2 Tassen)

⅓ Tasse Johannisbeeren

3 Frühlingszwiebeln, weiße und hellgrüne Teile, in dünne Scheiben geschnitten

Frisch gemahlener schwarzer Pfeffer

1 Tasse leicht gepackte, grob gehackte glatte Petersilie

RICHTUNGEN

In einen schweren Topf mit fest schließendem Deckel den zerkleinerten Weizen und das Salz mit 2 Tassen Wasser geben. Bringen Sie das Wasser zum Kochen und reduzieren Sie die Hitze, bis es köchelt. Abdecken und bei niedrigster Hitze unter gelegentlichem Rühren weiterkochen, bis der Weizen zart und dennoch angenehm zäh ist (20 bis 25 Minuten). Lassen Sie das restliche Wasser ab. Während der Weizen kocht, trennen Sie das Fruchtfleisch der eingelegten Zitrone von der Schale, entfernen Sie die Kerne und geben Sie das Fruchtfleisch in einen Mixer. Die Schale fein hacken und aufbewahren. Öl, Zitronensaft, Knoblauch und Kreuzkümmel hinzufügen und glatt rühren.

Geben Sie den geschroteten Weizen zusammen mit den Karotten, Johannisbeeren und Frühlingszwiebeln in eine große Schüssel, damit die warmen Körner die anderen Zutaten leicht erweichen können. Die Hälfte der Vinaigrette und die beiseite gestellte Zitronenschale hinzufügen. Gut umrühren, um die Vinaigrette einzuarbeiten. Probieren Sie den Salat und fügen Sie mehr Vinaigrette hinzu, wenn er nicht aromatisch genug ist. Lassen Sie den Salat 15 Minuten ruhen, probieren Sie ihn erneut und fügen Sie nach Belieben Pfeffer und bei Bedarf mehr Vinaigrette hinzu (bewahren Sie zusätzliches Dressing für eine andere Verwendung auf). Kurz vor dem Servieren die Petersilie hinzufügen.

SEITEN

10. Gerösteter Blumenkohl mit Zitrone, Petersilie und Mandeln

Ergibt 4 Portionen

ZUTATEN

1 (2 Pfund) Kopf Blumenkohl, in kleine Röschen mit einem Stiel von höchstens 10 cm geschnitten

⅓ Tasse Mandelblättchen oder Pinienkerne

5 Esslöffel natives Olivenöl extra, geteilt

1½ Teelöffel koscheres Salz

1 kleine Knoblauchzehe, fein gerieben oder gehackt

1 Esslöffel fein geriebene Zitronenschale

3 Esslöffel frisch gepresster Zitronensaft

1 Tasse leicht gepackte glatte Petersilienblätter, grob gehackt

Frisch gemahlener schwarzer Pfeffer

RICHTUNGEN

Reiben oder pulsieren Sie den Blumenkohl in einer Küchenmaschine mit Reibaufsatz oder Messer portionsweise, bis er wie Couscous-Körner aussieht. Sie sollten etwa 4 Tassen haben. (Sie können die Röschen auch mit einem Messer in Würfel schneiden, da diese dabei leicht in sehr kleine Stücke zerbrechen.)

In einer großen, breiten Pfanne bei mittlerer Hitze die Mandeln unter häufigem Rühren rösten, bis sie nussig duften und goldbraun sind (ca. 7 Minuten). Legen Sie die Nüsse beiseite und wischen Sie die Pfanne aus. 3 Esslöffel Öl bei mittlerer bis hoher Hitze erwärmen. Wenn das Öl heiß ist, Blumenkohl und Salz hinzufügen. Unter häufigem Rühren 12 bis 15 Minuten anbraten, bis die Blumenkohlstücke geröstet und zart sind. Nehmen Sie die Pfanne vom Herd und fügen Sie sofort den Knoblauch und die Schale hinzu und rühren Sie gut um, um die Aromen zu verteilen. Nachdem die Mischung etwas abgekühlt ist, fügen Sie die restlichen 2 Esslöffel Öl, den Zitronensaft, die Mandeln und die Petersilie hinzu. Mit zusätzlichem Salz und Pfeffer würzen und den Blumenkohl mindestens 15 Minuten teilweise abgedeckt ruhen lassen, damit sich sein Aroma entfalten kann.

11. Butterige Igelkartoffeln mit Zitrone und Kräutern

Ergibt 6 bis 8 Portionen

ZUTATEN

½ Tasse (1 Stück) ungesalzene Butter, bei Zimmertemperatur

3 Esslöffel fein gehackte frische Petersilie

1½ Esslöffel fein abgeriebene Zitronenschale (von 2 kleinen Zitronen)

1 Esslöffel fein gehackter frischer Majoran

1 Esslöffel fein gehackter frischer Schnittlauch

2 kleine Knoblauchzehen

1 Teelöffel koscheres Salz

2 Esslöffel frisch gepresster Zitronensaft

20 eigroße Yukon Gold- oder Red Bliss-Kartoffeln (ca. 4 Pfund)

2 Esslöffel mit Zitronen angereichertes Olivenöl oder extra natives Olivenöl

Frisch gemahlener schwarzer Pfeffer

½ Zitrone

RICHTUNGEN

In einer kleinen Schüssel die Butter mit Petersilie, Zitronenschale, Majoran und Schnittlauch vermischen. Den Knoblauch grob hacken und das Salz darüber streuen. Zerkleinern Sie den Knoblauch mit dem Salz weiter, halten Sie das Messer in einem 30-Grad-Winkel zum Schneidebrett und ziehen Sie es über den Knoblauch-Salz-Haufen, bis eine Paste entsteht. Knoblauchpaste und Zitronensaft zur Butter geben und mit einer Gabel oder der Rückseite eines Löffels vermengen. Übertragen Sie die Butter auf ein Stück Plastikfolie und formen Sie daraus einen Block mit einem Durchmesser von 2,5 cm. Etwa 30 Minuten im Kühlschrank lagern, bis es fest ist. Heizen Sie den Ofen auf 425 Grad F vor.

Halten Sie die Kartoffel mit einem Holzlöffel fest und schneiden Sie sie quer in Scheiben, wobei Sie alle ¼ Zoll einen

Schnitt machen. (Der Löffel verhindert, dass Sie die Scheiben vollständig durchschneiden und voneinander trennen können.) Legen Sie die Kartoffeln in eine Backform und bestreichen Sie sie rundherum mit dem Öl. Bestreuen Sie sie leicht mit Salz und Pfeffer und backen Sie sie 30 Minuten lang oder bis sich die Scheiben leicht auffächern und voneinander lösen. Nehmen Sie die Pfanne aus dem Ofen und schieben Sie alle aneinander haftenden Scheiben mit einem Küchenmesser auseinander. Legen Sie eine kleine Münze – oder zwei, abhängig von der Größe Ihrer Kartoffeln – Butter auf jede Kartoffel und drücken Sie sie leicht nach unten, damit sie zwischen den Scheiben schmilzt. dann bleibt etwas Butter übrig. Backen Sie die Kartoffeln weitere 30 Minuten lang und bestreichen Sie sie dabei gelegentlich mit der Butter auf dem Boden der Pfanne. Sie sind fertig, wenn die Oberseite leicht braun und knusprig ist und die Mitte beim Einstechen mit einem Gemüsemesser zart ist. Die Zitronenhälfte über die Kartoffeln pressen und sofort servieren.

12. Gegrillte Maiskolben mit Paprika-Zitronen-Butter

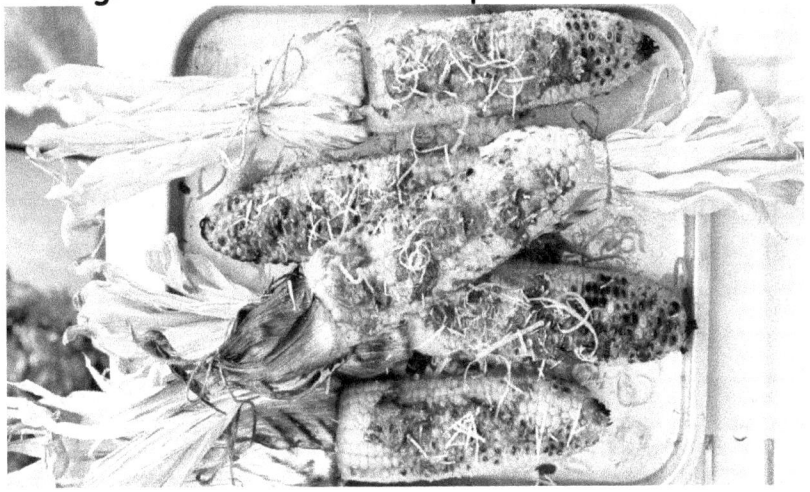

Ergibt 6 Portionen

ZUTATEN

½ Tasse (1 Stange) ungesalzene Butter

1 Esslöffel fein geriebene Zitronenschale

1 Knoblauchzehe, fein gerieben

3 Esslöffel frisch gepresster Zitronensaft

½ Teelöffel geräuchertes Paprikapulver

1½ Teelöffel koscheres Salz

6 Ähren frischer Zuckermais

3 Esslöffel grob gehackter frischer Koriander

RICHTUNGEN

In einer kleinen, hellen Pfanne, in der Sie die Farbe der Butter sehen können, die Butter bei mittlerer Hitze schmelzen und gelegentlich schwenken, um sicherzustellen, dass sie gleichmäßig schmilzt. Es beginnt zu schäumen und die Farbe zu ändern, von hellgelb über goldbraun zu einem etwas dunkleren, gerösteten Braun, das nussig riecht. Nehmen Sie die Pfanne vom Herd und geben Sie den Inhalt in eine kleine hitzebeständige Schüssel. Die Milchfeststoffe haben sich am Boden der Pfanne abgesetzt und sind gebräunt. Lassen Sie so viel Sediment wie möglich zurück. Die Schale und den Knoblauch zur warmen braunen Butter geben. Lassen Sie die Butter vollständig abkühlen und rühren Sie dann Zitronensaft, Paprika und Salz unter.

Die äußeren Maisschalen schälen und wegwerfen. Ziehen Sie vorsichtig die blassgrünen Innenschalen zurück und entfernen Sie die Seide. Bedecken Sie die Kerne erneut mit der Schale, binden Sie das Ende mit Küchengarn zusammen und legen Sie die Ähren mindestens 30 Minuten lang in kaltes Wasser.

Heizen Sie einen Gasgrill auf hohe Hitze (ca. 200 °C) vor oder bereiten Sie einen Holzkohlegrill für das direkte Garen über glühenden Kohlen vor. Nehmen Sie den Mais aus dem Wasser und schütteln Sie überschüssige Feuchtigkeit ab. Legen Sie den

Mais auf den Grill und schließen Sie den Deckel. Drehen Sie den Mais alle 5 Minuten um, damit er 10 bis 15 Minuten lang gleichmäßig gart. Lösen Sie die Schnur, schälen Sie die Schalen ab, bestreichen Sie den Mais mit der Butter und kochen Sie mit den abgeschälten Schalen weiter, bis die Körner von allen Seiten karamellisiert sind, weitere 3 bis 5 Minuten.

Nehmen Sie den Mais vom Grill, bestreichen Sie ihn rundherum mit mehr Butter und bestreuen Sie ihn nach Belieben mit mehr Salz und Koriander.

13. Pfefferige Zitronen-Parmesan-Biscotti

Ergibt etwa drei Dutzend Kekse

ZUTATEN

1½ Tassen ungebleichtes Allzweckmehl

½ Tasse Grießmehl

2 Unzen Parmigiano-Reggiano-Käse, fein gerieben (ca. 1 Tasse)

2 Esslöffel fein gehackte Zitronenschale (von 2 mittelgroßen Zitronen)

1 Esslöffel frisch gemahlener schwarzer Pfeffer

2 Teelöffel koscheres Salz

1 Teelöffel Backpulver

¼ Tasse natives Olivenöl extra

3 Eier, geteilt

⅓ Tasse Vollmilch

Heizen Sie den Ofen auf 350 Grad F vor.

RICHTUNGEN

In einer großen Schüssel Mehl, Käse, Schale, Pfeffer, Salz und Backpulver gründlich vermischen. Das Öl darüber träufeln und mit den Fingern vorsichtig in das Mehl einarbeiten, bis die Mischung Maismehl ähnelt.

In einer kleinen Schüssel zwei Eier mit der Milch verquirlen und zur Mehlmischung geben. Mit einer Gabel verrühren, bis ein weicher, klebriger Teig entsteht. Befeuchten Sie Ihre Hände leicht (damit der Teig nicht daran kleben bleibt) und teilen Sie den Teig in zwei Hälften. Ordnen Sie die Stücke der Länge nach auf einem mit Backpapier ausgelegten Backblech an. Formen Sie jedes Stück zu einem etwa 12 Zoll langen, 3 Zoll breiten und $\frac{1}{2}$ Zoll hohen Baumstamm und befeuchten Sie dabei Ihre Hände nach Bedarf leicht, um ein Anhaften zu verhindern. Das restliche Ei verquirlen und die Holzscheite damit bestreichen. 30 Minuten lang backen, dabei die Pfanne nach der Hälfte der Zeit drehen, oder bis die Holzscheite hellgoldbraun sind. Legen Sie das Blech auf ein Gestell und reduzieren Sie die Ofentemperatur auf 160 °C. Kühlen Sie die Holzscheite 10 Minuten lang ab, legen Sie sie auf ein Schneidebrett und schneiden Sie jedes Holzscheit mit einem gezackten Messer diagonal in $\frac{1}{2}$ Zoll dicke Scheiben. Die Biscotti wieder auf das Backblech legen und weitere 35 bis 45 Minuten backen, dabei nach der Hälfte der Backzeit wenden. Die Biscotti sind fertig, wenn sie trocken und auf beiden Seiten leicht goldbraun sind. In einem luftdichten Behälter sind sie bis zu 2 Wochen haltbar.

14. In Zitronen-Miso gerösteter Delicata-Kürbis

Ergibt 4 bis 6 Portionen

3 Esslöffel weißes Miso

3 Esslöffel natives Olivenöl extra

3 Esslöffel frisch gepresster Zitronensaft, geteilt

1 Esslöffel Honig

2 Teelöffel Harissa

1½ Pfund Delicata-Kürbis (ca. 3 bis 4), der Länge nach halbiert, entkernt und in ½ Zoll dicke Monde geschnitten, 1 Esslöffel fein geriebene Zitronenschale

½ Tasse grob gehackte glatte Petersilie

Koscheres Salz

RICHTUNGEN

Heizen Sie den Ofen auf 425 Grad F vor.

In einer großen Schüssel Miso, Öl, 2 Esslöffel Zitronensaft, Honig und Harissa verrühren. Geben Sie die Kürbisstücke in die Schüssel und vermischen Sie sie mit den Händen mit der Paste. Achten Sie darauf, dass sie gleichmäßig bedeckt sind. Ordnen Sie sie in einer einzigen Schicht mit den Seiten auf einem leicht geölten Backblech an. Stellen Sie die Schüssel für später beiseite.

Den Kürbis 15 Minuten lang rösten. Nehmen Sie die Pfanne aus dem Ofen und drehen Sie die Stücke mit einer Zange um. Geben Sie sie für weitere 10 Minuten in den Ofen oder bis die Stücke leicht karamellisiert und zart sind. Geben Sie den Kürbis zurück in die Schüssel und vermengen Sie ihn mit dem restlichen 1 Esslöffel Zitronensaft, der Schale und der Petersilie. Mit Salz abschmecken.

VEGETARIER

15. Zitronen-Ziegenkäse-Gnocchi mit geschälten Erbsen

Ergibt 6 bis 8 Portionen

ZUTATEN

8 Unzen leicht weicher, milder frischer Ziegenkäse, bei Zimmertemperatur

8 Unzen Frischkäse (vorzugsweise ohne Stabilisatoren), bei Zimmertemperatur

1 Esslöffel plus 1 Teelöffel fein abgeriebene Zitronenschale (von 2 kleinen Zitronen)

2 Teelöffel koscheres Salz

2 Eier

1½ Tassen ungebleichtes Allzweckmehl, plus etwas Mehl zum Ausrollen des Teigs

2 Esslöffel natives Olivenöl extra

2 kleine grüne Knoblauchstangen, diagonal in dünne Scheiben geschnitten, oder 3 Knoblauchzehen, fein gehackt

¼ Tasse trockener Weißwein oder Wermut

3 Tassen frisch geschälte grüne Erbsen

3 Esslöffel ungesalzene Butter

2 Esslöffel frisch gepresster Zitronensaft

1 Esslöffel fein gehackter frischer Estragon

Frisch gemahlener schwarzer Pfeffer

2 Esslöffel frischer Schnittlauch, in ½ Zoll lange Stücke geschnitten

RICHTUNGEN

In einer großen Schüssel Käse, Schale, Salz und Eier vermischen. Mit einem Gummispatel glatt rühren und ¾ Tasse Mehl hinzufügen. Gut vermischen und das restliche Mehl vorsichtig untermischen, bis ein feuchter, leicht klebriger Teig entsteht. Mischen Sie nicht zu viel, sonst werden Ihre Gnocchi schwer. Decken Sie die Schüssel mit Plastikfolie ab und stellen Sie sie 1 Stunde lang in den Kühlschrank.

Ein Backblech oder eine große Platte leicht bemehlen und beiseite stellen. Den Teig auf eine leicht bemehlte Arbeitsfläche geben, zu einer Kugel formen und die Kugel vierteln. Rollen Sie jedes Viertel zu einem ½ Zoll dicken Seil. Schneiden Sie die Stränge mit einem scharfen Messer in ½ Zoll große Gnocchi und legen Sie diese auf das Backblech. Wiederholen Sie den Vorgang mit den restlichen Teigstücken; Sie sollten etwa 84 erreichen. Bestäuben Sie die Gnocchi leicht mit Mehl. Bringen Sie einen großen Topf mit reichlich Salzwasser zum Kochen.

Kochen Sie die Gnocchi in Portionen von 15 bis 20; Das Kochen dauert etwa 3 Minuten. Sie sind fertig, wenn sie schwimmen. Warten Sie ein paar Sekunden, bevor Sie die Gnocchi mit einem Schaumlöffel auf ein Backblech legen und abkühlen lassen. (Im warmen Zustand sind sie zart, werden aber beim Abkühlen fester.) 1 Tasse der Kochflüssigkeit aufbewahren. Die gekochten Gnocchi sind im Kühlschrank 24 Stunden haltbar.

In einer großen Pfanne bei mittlerer Hitze das Öl erwärmen. Fügen Sie den Knoblauch hinzu und kochen Sie ihn unter ständigem Rühren etwa 4 Minuten lang, bis er weich ist. Den Wein hinzufügen und 3 bis 4 Minuten köcheln lassen, bis sich die Flüssigkeit in der Pfanne auf die Hälfte reduziert hat.

Gnocchi, Erbsen, Butter und eine halbe Tasse der reservierten Gnocchi-Kochflüssigkeit in die Pfanne geben. Kochen, bis die Zutaten durchgewärmt sind und die Sauce leicht eindickt, etwa 3 Minuten. Zitronensaft, Estragon sowie Salz und Pfeffer nach Geschmack hinzufügen und vermischen. Die Gnocchi auf 6 oder 8 Schüsseln verteilen. Mit Schnittlauch garnieren und sofort servieren.

16. Linsen-Mangold-Suppe mit Zitrone, Feta und Dill

Ergibt 4 bis 6 Portionen

ZUTATEN

8 Unzen Lauch, weiße Teile und 1 Zoll hellgrün

2 Esslöffel natives Olivenöl extra

1 große Schalotte, in dünne Scheiben geschnitten

2 Stangensellerie, in dünne Scheiben geschnitten

2 Lorbeerblätter

1½ Tassen französische grüne oder braune Linsen, sortiert und abgespült

6 Tassen Gemüsebrühe oder Wasser

1 Teelöffel koscheres Salz

FÜR DAS FETA-TOPPING:

6 Unzen Feta-Käse, vorzugsweise Schafsmilch

2 Esslöffel frisch gepresster Zitronensaft

1 Esslöffel grob gehackte Zitronenschale

1 kleine Knoblauchzehe, grob gehackt

¼ Tasse natives Olivenöl extra

¼ Tasse leicht verpackte frische Dillzweige

2 Esslöffel frisch gepresster Zitronensaft

1 kleiner Bund Mangold, Stiele für eine andere Verwendung reserviert und Blätter in 2,5 cm dicke Streifen geschnitten

Frisch gemahlener schwarzer Pfeffer

Dillzweige zum Garnieren

RICHTUNGEN

Den Lauch der Länge nach halbieren, quer in ½ Zoll dicke Scheiben schneiden und in einem Sieb gut waschen. Erhitzen Sie das Öl in einem großen Suppentopf oder Schmortopf bei mittlerer bis hoher Hitze. Den Lauch, die Schalotte und den Sellerie hinzufügen und ca. 7 Minuten anbraten, bis sie weich und durchscheinend sind. Lorbeerblätter und Linsen dazugeben, umrühren und mit Öl bestreichen. Gemüsebrühe und Salz hinzufügen und bei mittlerer Hitze zum Kochen bringen.

Reduzieren Sie die Hitze und lassen Sie sie teilweise abgedeckt 20 bis 30 Minuten köcheln, bis die Linsen fast zart sind.

In der Zwischenzeit den Belag zubereiten. Geben Sie den Feta-Käse zusammen mit dem Zitronensaft, der Schale und dem Knoblauch in die Schüssel einer Küchenmaschine. Mehrmals pulsieren, um den Käse aufzubrechen, und bei laufendem Motor langsam das Öl hinzufügen. Wenn die Mischung glatt ist, fügen Sie den Dill und die Hülsenfrüchte hinzu, hacken sie grob und vermengen Sie sie. Zum Abschmecken abschmecken und mehr Zitronensaft hinzufügen, wenn der Käse besonders salzig ist.

Zum Abschluss der Suppe den Zitronensaft und die Mangoldstreifen unterrühren und weiter köcheln lassen, bis die Linsen ganz weich sind und der Mangold zusammengefallen ist (10 bis 15 Minuten). Mit Salz, Pfeffer und nach Wunsch noch mehr Zitronensaft abschmecken. Zum Servieren die Suppe auf Schüsseln verteilen, einen Löffel Feta-Topping hinzufügen und mit einem Dillzweig belegen.

17. Spargel-Zitronen-Pesto-Pizza mit geräuchertem Mozzarella

Ergibt eine Pizza von 12 bis 14 Zoll

ZUTATEN

Maismehl zum Bestäuben

FÜR DAS PESTO:

$\frac{1}{2}$ Zitrone, entkernt und in kleine Stücke geschnitten

2 kleine Knoblauchzehen

1 Spargel zerstoßen, putzen und in $1\frac{1}{2}$-Zoll-Stücke schneiden, die Spitzen der Länge nach halbieren

$\frac{1}{4}$ Tasse geröstete Pistazien

⅓ Tasse plus 1 Esslöffel natives Olivenöl extra, geteilt

2 Unzen Parmigiano-Reggiano-Käse, grob gerieben (ca. $\frac{1}{2}$ Tasse)

$1\frac{1}{2}$ Teelöffel koscheres Salz

$\frac{1}{2}$ Teelöffel frisch gemahlener schwarzer Pfeffer

14 Unzen hausgemachter oder im Laden gekaufter Pizzateig, bei Zimmertemperatur

6 Unzen frisch geräucherter Mozzarella-Käse, gerieben oder in dünne Scheiben geschnitten

RICHTUNGEN

Stellen Sie einen Rost in die Mitte des Ofens, legen Sie einen Pizzastein darauf und heizen Sie den Ofen auf 475 Grad F vor. (Verwenden Sie ein umgedrehtes Backblech, wenn Sie keinen Pizzastein haben.) Bestäuben Sie eine Schale oder ein flaches Backblech Das Blech (ohne Seiten) mit Maismehl bestreichen und beiseite stellen.

Für das Pesto die Zitrone und den Knoblauch in der Schüssel einer Küchenmaschine fein hacken. Fügen Sie die Spargelstücke (die Spitzen beiseite) und die Pistazien hinzu und pulsieren Sie, bis sie grob gehackt sind. Fügen Sie ⅓ Tasse Öl auf einmal hinzu und verarbeiten Sie es, bis die Mischung gut vermischt, aber nicht püriert ist. Es sollte so aussehen, als ob Sie den Spargel gerieben hätten, mit Stücken in der Größe von einem Reiskorn bis zu geriebenem Käse. Gießen Sie die Mischung in eine große

Schüssel und fügen Sie Käse, Salz und Pfeffer hinzu. Probieren Sie es ab, fügen Sie bei Bedarf weitere Gewürze hinzu und stellen Sie das Pesto beiseite.

Rollen Sie den Pizzateig auf einer leicht bemehlten Oberfläche aus oder dehnen Sie ihn aus, sodass eine 30 bis 35 cm große Runde entsteht, und geben Sie ihn auf die vorbereitete Schale. (Sie können die Runde auch auf einem Blatt Pergamentpapier formen und zum Backen direkt auf den Pizzastein legen.) Rühren Sie das Pesto gut um, verteilen Sie etwa 1 Tasse gleichmäßig auf dem Teig und verteilen Sie den Mozzarella so, dass der größte Teil des Pestos darin ist bedeckt. Die beiseite gestellten Spargelspitzen mit dem restlichen Öl vermengen und über den Käse streuen.

16 bis 18 Minuten backen, bis die Kruste tiefbraun und knusprig ist und die Spargelstücke oben leicht verkohlt sind. (Wenn Sie Pergamentpapier verwendet haben, backen Sie es 8 bis 10 Minuten lang, ziehen Sie das Papier unter der Pizza hervor, damit die Kruste knusprig wird, und backen Sie es weitere 8 Minuten lang.) Nehmen Sie die Pizza aus dem Ofen und lassen Sie sie auf einem Rost oder Backblech abkühlen vor dem Schneiden 5 Minuten auf dem Blech backen.

Die wichtigste Regel für selbstgemachte Pizza? Weniger ist mehr. Gehen Sie beim Belegen Ihrer Kruste mit leichter Hand vor, insbesondere wenn die Soße, die direkt darauf liegt, leicht saftig ist, wie etwa Tomatensoße oder dieses Pesto. Verteilen Sie eine hauchdünne Schicht auf dem Teig, fügen Sie den Rest der Toppings hinzu und streuen Sie zum Abschluss ein paar Kleckse der würzigen Komponente darüber, um den Geschmack noch zu verstärken.

18. Spaghetti mit Radicchio und Zitronen-Knoblauch-Streusel

Ergibt 4 bis 6 Portionen

ZUTATEN

$\frac{1}{4}$ Tasse plus 2 Esslöffel natives Olivenöl extra, geteilt

4 Knoblauchzehen, fein gehackt

2 Tassen frische Semmelbrösel

Eine Prise koscheres Salz

1 Tasse leicht gepackte, grob gehackte glatte Petersilienblätter

2 Esslöffel fein gehackte Zitronenschale (von 2 mittelgroßen Zitronen), geteilt

Frisch gemahlener schwarzer Pfeffer

2 Esslöffel ungesalzene Butter

1 (1 Pfund) Kopf-Radicchio, fein zerkleinert

2 Esslöffel frisch gepresster Zitronensaft, geteilt

1 Pfund hochwertige Spaghetti oder Linguine

1 Tasse hausgemachter oder im Laden gekaufter Ricotta-Käse

RICHTUNGEN

In einer großen Bratpfanne bei mittlerer Hitze $\frac{1}{4}$ Tasse Öl erhitzen. Fügen Sie den Knoblauch hinzu und kochen Sie ihn unter gelegentlichem Rühren 2 bis 3 Minuten lang oder bis er duftet. Die Semmelbrösel und eine großzügige Prise Salz hinzufügen und weiterrühren, bis die Semmelbrösel geröstet und braun sind. Die Krümel in eine Schüssel geben und etwas abkühlen lassen. Wenn sie abgekühlt sind, fügen Sie die Petersilie hinzu und fügen Sie 1 Esslöffel der Schale hinzu. Mit zusätzlichem Salz und Pfeffer abschmecken und beiseite stellen.

Wischen Sie alle Krümel aus der Pfanne, geben Sie die Butter hinzu und lassen Sie sie bei mittlerer Hitze schmelzen. Wenn die Butter schaumig ist, fügen Sie den Radicchio hinzu und kochen Sie ihn 2 bis 3 Minuten lang, bis er zusammenfällt und leicht weich wird. 2 Esslöffel Wasser hinzufügen und 2 Minuten

köcheln lassen, oder bis das Wasser verdunstet ist, dann 1 Esslöffel Zitronensaft hinzufügen. Satz
beiseite.

Bringen Sie einen Topf mit reichlich Salzwasser zum Kochen und kochen Sie die Linguine nach Packungsanweisung. Während es kocht, den Ricotta mit den restlichen 2 Esslöffeln Öl, 1 Esslöffel Schale und 1 Esslöffel Zitronensaft vermischen. Abschmecken und bei Bedarf noch mehr Saft hinzufügen. Bevor Sie die Nudeln abgießen, stellen Sie 1 Tasse Kochwasser beiseite.

Geben Sie die Nudeln zurück in den Topf. Geben Sie etwas Nudelwasser zur Ricotta-Mischung, um sie aufzulockern und aufzuwärmen, bevor Sie sie mit den Nudeln vermengen. Fügen Sie den Radicchio und die Hälfte der Semmelbrösel hinzu und vermischen Sie alles. Fügen Sie mehr Nudelwasser hinzu, wenn es trocken erscheint. Die Nudeln auf eine große Platte legen und mit den restlichen Semmelbröseln garnieren. Sofort servieren.

19. Zitronen-Dal mit Spinat und Joghurt

Ergibt 6 bis 8 Portionen

ZUTATEN

2 Tassen gelbe Spalterbsen (Chana Dal), sortiert und abgespült

1 Teelöffel Kurkuma

1 kleine getrocknete rote Chilischote oder 1 Teelöffel rote Paprikaflocken

$\frac{1}{4}$ Tasse Kokosöl oder Ghee, geteilt

1 Esslöffel koscheres Salz

2 Esslöffel ungesalzene Butter

1 Esslöffel braune Senfkörner

1 Esslöffel Koriandersamen, zerstoßen

2 Teelöffel Kreuzkümmelsamen

1 mittelgroße Zwiebel, in $\frac{1}{2}$-Zoll-Würfel geschnitten (ca. $1\frac{1}{2}$ Tassen)

1 Tasse leicht verpackte, grob gehackte frische Korianderblätter, einschließlich einiger Stiele, plus zusätzliche Blätter zum Garnieren

2 Tassen leicht verpackte frische Spinatblätter

$\frac{1}{4}$ Tasse frisch gepresster Zitronensaft (von 1 mittelgroßen Zitrone)

2 Teelöffel fein abgeriebene Zitronenschale

Griechischer Vollmilchjoghurt zum Garnieren

RICHTUNGEN

In einem großen Topf oder Schmortopf die Erbsen, 6 Tassen Wasser, Kurkuma, Chili, 2 Esslöffel Öl und Salz vermischen. Bringen Sie die Mischung zum Kochen und rühren Sie dabei gelegentlich um, damit das Dal nicht am Topfboden kleben bleibt. Reduzieren Sie die Hitze und lassen Sie es teilweise abgedeckt ca. 1 Stunde köcheln, bis die Erbsen sehr weich und zart sind.

In der Zwischenzeit die Tadka zubereiten. In einer großen Bratpfanne bei mittlerer Hitze die restlichen 2 Esslöffel Öl und Butter erwärmen. Wenn die Butter schaumig ist, fügen Sie Senf, Koriander und Kreuzkümmel hinzu und rühren Sie dabei ständig um, bis sie duften (ca. 2 Minuten). Fügen Sie die Zwiebel hinzu, erhöhen Sie die Hitze und kochen Sie weiter, bis die Zwiebel an den Rändern nicht mehr durchscheinend, sondern braun ist. Dies sollte etwa 15 Minuten dauern; Haben Sie keine Angst davor, die Zwiebeln dunkel zu machen. Koriander und Spinat dazugeben und noch ca. 5 Minuten köcheln lassen, bis beides leicht zusammengefallen ist, aber seine leuchtende Farbe behält.

Entfernen Sie die gesamte Chilischote und rühren Sie den Tadka unter die Erbsen. Mit zusätzlichem Salz abschmecken und bei mittlerer Hitze 10 bis 15 Minuten kochen, damit sich die Aromen verbinden. Zitronensaft und -schale hinzufügen und vor dem Servieren weitere 5 Minuten kochen lassen. Jede Portion mit einem Löffel Joghurt und ein paar Korianderblättern garnieren.

HAUPTKURS

20. In der Pfanne gebratener Heilbutt mit Zitronenrelish

Ergibt 4 Portionen

ZUTATEN

ZUM GENUSS:

1 Zitrone, geviertelt (ca. $\frac{3}{4}$ Tasse)

2 kleine Schalotten, in dünne Ringe geschnitten (ca. $\frac{1}{4}$ Tasse)

1 Teelöffel koscheres Salz

1 Tasse entkernte, grob gehackte grüne Oliven, wie z Castelvetrano

2 Esslöffel Kapern, abgespült und trocken getupft

$\frac{1}{2}$ Teelöffel rote Paprikaflocken

$\frac{1}{4}$ Tasse natives Olivenöl extra

1$\frac{1}{2}$ Pfund Heilbuttfilet ohne Haut, in 4 Stücke geschnitten

$\frac{1}{2}$ Teelöffel Fenchelsamen, frisch gemahlen

$\frac{1}{2}$ Teelöffel koscheres Salz

$\frac{1}{2}$ Teelöffel frisch gemahlener schwarzer Pfeffer

2 Esslöffel natives Olivenöl extra

2 Esslöffel ungesalzene Butter

$\frac{3}{4}$ Tasse grob gehackte glatte Petersilie. ANWENDUNG

Um das Relish zuzubereiten, entfernen Sie die kernigen Enden der Zitronenviertel, schneiden den Rest in dünne Scheiben und entfernen alle Kerne. Die Zitronenscheiben zusammen mit den Schalotten und dem Salz in eine Schüssel geben. Abdecken und 45 Minuten ruhen lassen oder bis die Zitronen etwas Saft abgeben. Oliven, Kapern, Pfefferflocken und $\frac{1}{4}$ Tasse Öl hinzufügen. Damit sich die Aromen voll entfalten können, legen Sie das Relish zum Marinieren 4 Stunden oder bis über Nacht beiseite.

Den Heilbutt mit einem Papiertuch trocken tupfen. In einer kleinen Schüssel Fenchelsamen, Salz und Pfeffer vermischen und über den Heilbutt streuen. Erhitzen Sie das Öl in einer beschichteten Pfanne oder einer gusseisernen Pfanne bei mittlerer bis hoher Hitze, bis es schimmert. Fügen Sie den

Heilbutt hinzu und kochen Sie ihn ungestört etwa 5 Minuten lang, bis er am Boden gebräunt ist. Umdrehen, die Butter in die Pfanne geben und die Temperatur auf mittlere Stufe reduzieren. Weiter kochen, dabei den Heilbutt 2 Minuten lang mit der Butter begießen, oder bis der Fisch in der Mitte undurchsichtig ist.

Rühren Sie die Petersilie unter das Relish, löffeln Sie das Relish über jedes Fischstück und servieren Sie es sofort.

21. Gegrillte Lammkoteletts mit Zitrone, Sumach und Za'atar

Ergibt 4 Portionen

ZUTATEN

1 (3 bis 3½ Pfund) Lammkarree, Rippenknochen französisch oder 3 Pfund Lammkoteletts, 1 bis 1½ Zoll dickes koscheres Salz und frisch gemahlener schwarzer Pfeffer

FÜR DIE MARINADE:

¾ Tasse Naturjoghurt aus Vollmilch

3 Esslöffel natives Olivenöl extra

3 Esslöffel frisch gepresster Zitronensaft

1 Esslöffel fein gehackte Zitronenschale

2 Knoblauchzehen, fein gehackt

2 Esslöffel grob gehackte frische Minze

3 Esslöffel natives Olivenöl extra

2 Knoblauchzehen, fein gehackt

3 Esslöffel Za'atar

4 Teelöffel Sumach

3 Zitronen zum Garnieren

Minzblätter zum Garnieren

RICHTUNGEN

Tupfen Sie den Rost oder die Koteletts mit einem Papiertuch trocken, würzen Sie sie mit Salz und Pfeffer und legen Sie sie in eine flache, nicht reaktive Pfanne, beispielsweise eine rechteckige Backform aus Glas.

In einer kleinen Schüssel Joghurt, Öl, Zitronensaft und -schale, Knoblauch und Minze verrühren. Gießen Sie die Marinade über die Koteletts und wenden Sie sie dabei einmal um, damit beide Seiten bedeckt sind. Decken Sie die Pfanne mit Plastikfolie ab und stellen Sie sie über Nacht in den Kühlschrank.

Nehmen Sie das Lammfleisch 30 bis 45 Minuten vor dem Grillen aus dem Kühlschrank, damit das Fleisch Zimmertemperatur annehmen kann. Heizen Sie einen Gas- oder Holzkohlegrill auf mittlere bis hohe Hitze (ca. 180 °C) vor. Nehmen Sie das

Lammfleisch aus der Marinade, wischen Sie die Marinade vollständig mit einem Papiertuch ab und entsorgen Sie es. Öl, Knoblauch, Za'atar und Sumach vermischen und das Lamm mit den Fingern einreiben.

Kratzen Sie den Rost sauber und ölen Sie ihn leicht ein. Für ein Lammkarree schalten Sie einen der Brenner aus oder legen Sie die Kohlen auf eine Seite des Grills. Legen Sie den Rost bei direkter Hitze auf den Rost und garen Sie das Lamm etwa 10 Minuten lang, bis es rundherum gebräunt ist. Stellen Sie das Lamm auf einen kühleren Teil des Grills, decken Sie es ab und garen Sie es unter gelegentlichem Wenden, bis ein sofort ablesbares Thermometer in der Mitte etwa 130 Grad Fahrenheit anzeigt (ca. 15 Minuten). Lassen Sie das Lamm mindestens 10 Minuten ruhen, bevor Sie es in einzelne Koteletts schneiden.

Für Lendenkoteletts legen Sie die Koteletts auf den Rost und grillen sie 3 Minuten lang. Drehen Sie dann jedes Kotelett um 90 Grad und garen Sie es weitere 3 Minuten lang oder bis die Koteletts schön verkohlt sind. Drehen Sie die Koteletts um und braten Sie sie auf der anderen Seite noch etwa 6 Minuten lang, wobei Sie sie nach der Hälfte der Zeit wenden. Sie sollten innen noch rosa sein. Die Koteletts vor dem Servieren auf einen warmen Teller geben und dort 5 Minuten ruhen lassen.

Während das Lamm ruht, die Zitronen halbieren, leicht mit Öl bestreichen und mit der Schnittseite nach unten etwa 3 Minuten grillen, bis sie schön verkohlt sind. Die Lammkoteletts mit den gegrillten Zitronen und Minzblättern auf einer Platte anrichten.

22. Meyer-Zitronenrisotto mit Dungeness-Krabben

Ergibt 6 Portionen

ZUTATEN

5 bis 6 Tassen leicht aromatisierte Gemüsebrühe

1 Meyer-Zitrone, Schale mit einem Gemüseschäler entfernen
   (sowohl die Frucht als auch die Schale aufbewahren)

2 Esslöffel ungesalzene Butter

2 Esslöffel natives Olivenöl extra

1 kleine Zwiebel, in ½-Zoll-Würfel geschnitten (ca. 1 Tasse)

1 Stange grüner Knoblauch, Zwiebel und zarte grüne Teile fein
gehackt, oder 1 große Knoblauchzehe, fein gehackt

1½ Tassen Arborio-Reis

½ Tasse trockener Weißwein oder Wermut

8 Unzen frisches Krabbenfleisch

1 Unze Parmigiano-Reggiano-Käse, fein gerieben (ca. ½ Tasse)

1 Esslöffel grob gehackter frischer Estragon, plus etwas mehr
zum Garnieren

¼ Tasse Crème fraîche

¼ Tasse fein gehackter frischer Schnittlauch

RICHTUNGEN

In einem großen Topf bei mittlerer Hitze die Brühe zum Kochen
bringen. Die Zitronenschale hinzufügen und die Pfanne vom
Herd nehmen. Abdecken und beiseite stellen.

In einer Pfanne mit starkem Boden bei mittlerer bis niedriger
Hitze die Butter schmelzen. Wenn die Butter schaumig ist, das
Öl und die Zwiebel hinzufügen und unter gelegentlichem Rühren
ca. 5 Minuten kochen lassen, bis die Zwiebel weich und
durchscheinend ist. Erhöhen Sie die Hitze auf mittlere Stufe,
fügen Sie Knoblauch und Reis hinzu und rühren Sie etwa 4
Minuten lang, bis der Reis leicht geröstet riecht. Den Wein
hinzufügen und unter gelegentlichem Rühren ca. 5 Minuten
köcheln lassen, bis eine Glasur entsteht. 1 Tasse der warmen
Brühe hinzufügen, umrühren, bis die Körner bedeckt sind, und

unter häufigem Rühren köcheln lassen, bis die Brühe fast vollständig aufgesogen ist, bevor weitere hinzugefügt werden. Unter ständigem Rühren wiederholen, bis nur noch etwa eine halbe Tasse Brühe übrig ist oder der Reis cremig und durchgegart ist (ca. 45 Minuten). Die Brühe aufbewahren. Entfernen Sie die Schale aus der Brühe und zerkleinern Sie sie fein. Schneiden Sie die Zitrone ab, hacken Sie das Fruchtfleisch fein und entfernen Sie alle Kerne. Schale und Fruchtfleisch unter den Reis rühren und ca. 3 Minuten kochen lassen, bis alles durchgewärmt ist. Krabbenfleisch, Käse und Estragon unterrühren und bei Bedarf etwas Brühe hinzufügen, um das Risotto aufzulockern. Wenn der Käse geschmolzen ist und die Krabben gut verteilt und warm sind, nach etwa 3 Minuten die Crème fraîche unterrühren. Sofort servieren, garniert mit Schnittlauch und Estragonblättern.

23. Zedernbrett - gegrillter Lachs mit Zitronen

Ergibt 4 bis 6 Portionen

ZUTATEN

$\frac{1}{4}$ Tasse hellbrauner Zucker

3 Esslöffel koscheres Salz

$\frac{1}{2}$ gehackter frischer Dill, geteilt

1 Esslöffel fein geriebene Zitronenschale

1 (2 Pfund) Lachsfilet oder 6 (5$\frac{1}{2}$ Unzen) Centercut-Filets, mit Haut

1 (6 x 15 Zoll) Zedernbrett oder eine andere Größe, die der Länge und Breite Ihres Fisches entspricht

5 Esslöffel natives Olivenöl extra, geteilt, plus etwas zum Bestreichen der Planke

2 Zitronen, in dünne Scheiben geschnitten

1 kleine Frühlings- oder Süßzwiebel, in dünne Scheiben geschnitten

1 kleine Fenchelknolle, in dünne Scheiben geschnitten

$\frac{1}{4}$ Tasse leicht gepackte Fenchelwedel, grob gehackt

RICHTUNGEN

In einer kleinen Schüssel Zucker, Salz, $\frac{1}{4}$ Tasse Dill und die Schale vermischen. Tupfen Sie den Lachs mit einem Papiertuch trocken, legen Sie ihn in eine flache Auflaufform aus Glas und bestreichen Sie ihn rundherum mit der Einreibung. Abdecken und 2 Stunden im Kühlschrank lagern.

Heizen Sie einen Gasgrill auf hohe Hitze (ca. 200 °C) vor oder bereiten Sie einen Holzkohlegrill für das direkte Garen über glühenden Kohlen vor. Bestreichen Sie die Diele auf beiden Seiten großzügig mit Öl. Legen Sie etwa zwei Drittel der Zitronenscheiben in einer einzigen Schicht auf das Brett. Die restlichen Zitronenscheiben halbieren und zusammen mit der Zwiebel und dem Fenchel in eine mittelgroße Schüssel geben. Fügen Sie 2 Esslöffel Öl hinzu und vermengen Sie die Zutaten mit den Händen und bestreichen Sie sie damit. Den restlichen ¼ Tasse Dill, die Fenchelblätter und eine kleine Prise Salz hinzufügen.

Den Lachs auf dem Brett über den Zitronen anrichten. Die Gemüsemischung oben und an den Seiten des Fisches aufhäufen und das Fleisch bedecken. Die restlichen 3 Esslöffel Öl darüber träufeln. Legen Sie das Brett auf den Grill. Es sollte heiß genug sein, dass sich die Planke entzündet. Lassen Sie das Brett rund um den Fisch brennen (Zitronen und Gemüse verhindern, dass der Lachs anbrennt) und schließen Sie den Deckel. Weiter kochen, bis der dickste Teil des Filets auf einem sofort ablesbaren Thermometer 130 bis 135 Grad Fahrenheit anzeigt, je nach Dicke etwa 15 Minuten.

24. Gegrilltes Flanksteak mit verkohltem Zitronen-Chimichurri

Ergibt 4 Portionen

ZUTATEN

FÜR DIE CHIMICHURRI:

1 kleine Zitrone

1 kleiner Jalapeño

$\frac{1}{2}$ Tasse natives Olivenöl extra, plus zusätzliches Öl zum Mischen der Zutaten und zum Ölen des Grills

$1\frac{1}{2}$ Teelöffel koscheres Salz, geteilt

1 Tasse leicht gepackte glatte Petersilienblätter

1 Tasse leicht verpackte frische Korianderblätter

3 Esslöffel frische Oreganoblätter

2 Knoblauchzehen, grob gehackt

1 Esslöffel grob gehackte Schalotte

1 Esslöffel Weißweinessig

1 Flank-Rock oder Flatiron-Steak (ca. $1\frac{1}{2}$ Pfund)

Koscheres Salz und frisch gemahlener schwarzer Pfeffer

RICHTUNGEN

Um das Chimichurri zuzubereiten, schneiden Sie die Blüten- und Stielenden der Zitrone ab und entfernen Sie so viel Schale, dass das Fruchtfleisch sichtbar ist. Schneiden Sie die Zitrone in $\frac{1}{4}$ Zoll dicke Scheiben und geben Sie sie zusammen mit dem Jalapeño in eine kleine Schüssel. Mit etwas Öl und $\frac{1}{4}$ Teelöffel Salz vermengen und grillen oder grillen, bis es leicht verkohlt ist. Geben Sie die Zitronenscheiben und den Jalapeño zurück in die Schüssel und decken Sie sie mit einem Teller oder einer Plastikfolie ab. Durch den Dampf fallen sie leicht zusammen, sodass sich die Haut der Jalapeños leicht entfernen lässt. Schälen Sie die Jalapeño und entkernen Sie sie (lassen Sie einige Kerne und die Membran übrig, wenn Sie eine würzige Note wünschen). Entfernen Sie alle Kerne von den Zitronenscheiben. Beide Zutaten in die Schüssel einer Küchenmaschine geben und mehrmals zerkleinern.

Fügen Sie die restlichen 1¼ Teelöffel Salz, Petersilie, Koriander, Oregano, Knoblauch, Schalotte und Essig hinzu. Pulsieren Sie die Zutaten in kurzen Stößen, um sie zu zerkleinern und zu vermischen, ohne dass ein zu feines Püree entsteht. Bei laufendem Motor das Öl einträufeln. Geben Sie die Sauce in eine mittelgroße Schüssel und lassen Sie sie mindestens 2 Stunden oder bis zu Nacht ruhen. Vor dem Servieren das Salz abschmecken und bei Bedarf noch mehr hinzufügen.

Tupfen Sie das Steak mit einem Papiertuch trocken und würzen Sie es großzügig mit Salz und Pfeffer. Heizen Sie einen Gasgrill auf hohe Hitze (ca. 200 °C) vor oder bereiten Sie einen Holzkohlegrill für das direkte Garen über glühenden Kohlen vor. Kratzen Sie den Rost sauber und ölen Sie ihn leicht ein. Wenn der Grill heiß ist, legen Sie das Steak auf den Rost. Für Rare bis Medium Rare 3 Minuten auf einer Seite garen, das Steak wenden und auf der anderen Seite weitere 3 Minuten garen (dies kann je nach Größe und Dicke des Steaks variieren). Nehmen Sie das Steak vom Grill und lassen Sie es mindestens 5 Minuten ruhen, bevor Sie es in dünne Scheiben gegen die Faser schneiden.

Legen Sie die Scheiben zum Servieren auf eine Platte, beträufeln Sie sie mit dem Saft, der beim Schneiden übrig geblieben ist, und geben Sie etwas Chimichurri darüber. Sofort servieren und das restliche Chimichurri darüber geben.

25. Geschmortes Rindfleisch mit eingelegten Zitronen und Harissa

Ergibt 4 bis 6 Portionen

ZUTATEN

1 (3 Pfund) Rinderbraten mit Knochen oder 2 Pfund
Eintopffleisch

Koscheres Salz und frisch gemahlener schwarzer Pfeffer

3 Esslöffel natives Olivenöl extra I

mittelgroße Zwiebel, in große

Würfel geschnitten

1 eingelegte oder im Laden gekaufte Zitrone, abgespült und fein
gehackt (nur Schale)

3 Knoblauchzehen, fein gehackt

1½ Teelöffel Ras al Hanout (siehe Hinweis)

1 Teelöffel Kreuzkümmelsamen, grob gemahlen

1 Teelöffel Koriandersamen, grob gemahlen

1 bis 3 Esslöffel Harissa, je nach gewünschter Schärfestufe

3 Tassen Rinderbrühe oder Gemüsebrühe

2 Zweige frischer Thymian

1 Lorbeerblatt

1 Tasse leicht gepackte, grob gehackte glatte Petersilienblätter

½ Tasse leicht gepackte, grob gehackte Korianderblätter.

ANWENDUNG

Heizen Sie den Ofen auf 325 Grad F vor.

Das Fleisch mit einem Papiertuch trocken tupfen und gut mit
Salz und Pfeffer würzen. Erhitzen Sie das Öl in einem
Schmortopf oder einer schweren, ofenfesten Pfanne mit Deckel
bei mittlerer bis hoher Hitze. Fügen Sie das Fleisch hinzu und
braten Sie es auf jeder Seite 3 bis 4 Minuten lang an, um einen
Schmorbraten zu erhalten, oder braten Sie das Fleisch von
allen Seiten an, um Eintopffleisch zu erhalten. Achten Sie
darauf, dass die Pfanne nicht zu voll wird, und bräunen Sie bei
Bedarf in zwei Portionen.

Das gebräunte Rindfleisch aus der Pfanne nehmen und in eine große Schüssel geben. Geben Sie die Zwiebel in die Pfanne und kochen Sie sie unter häufigem Rühren, um die braunen Stücke vom Boden abzukratzen. Nach 3 bis 4 Minuten oder wenn die Zwiebel etwas weicher ist, fügen Sie Zitrone, Knoblauch, Ras al Hanout, Kreuzkümmel, Koriander und Harissa hinzu. Einige Minuten weiterkochen, bis die Zutaten aromatisch sind.

Geben Sie das Fleisch zusammen mit dem Bratensaft in die Schüssel zurück in die Pfanne. Brühe, Thymian und Lorbeerblatt hinzufügen und die Mischung zum Kochen bringen. Nehmen Sie die Pfanne vorsichtig vom Herd, decken Sie sie mit dem Deckel ab und stellen Sie sie in den Ofen.

Kochen Sie das Rindfleisch 2 Stunden lang (für Eintopffleisch) oder 3 bis $3\frac{1}{2}$ Stunden für ein größeres Stück mit Knochen. Überprüfen Sie gelegentlich den Füllstand der Brühe und fügen Sie etwas Wasser hinzu, wenn der Füllstand niedrig ist oder die Pfanne oder das Fleisch trocken erscheinen. Das Fleisch ist fertig, wenn es schmelzend zart ist und sich vom Knochen löst. Zum Servieren mit zusätzlichem Salz und Pfeffer abschmecken und Petersilie und Koriander hinzufügen.

26. Brot- und Hühnersalat mit Vinaigrette

Ergibt 4 bis 6 Portionen

ZUTATEN

FÜR DIE VINAIGRETTE:

1 Zitrone, halbiert

8 Unzen Schalotten, geschält, halbiert, falls groß

3 große Knoblauchzehen, ungeschält

¾ Tasse natives Olivenöl extra, geteilt

4 Zweige frischer Thymian, geteilt

2½ Teelöffel koscheres Salz, geteilt

Saft von 1 Zitrone

12 Unzen rustikales Bauernbrot, grob in 1-Zoll-Stücke gerissen (ca. 5 Tassen)

3 Esslöffel natives Olivenöl extra

Frisch gemahlener schwarzer Pfeffer

4 Tassen übrig gebliebenes Brathähnchen, zerkleinert oder in mundgerechte Stücke geschnitten

3   Esslöffel Johannisbeeren, 10 Minuten in warmem Wasser aufquellen lassen und abtropfen lassen

4   Tassen leicht gepacktes Pfeffergrün wie Rucola, Brunnenkresse oder kleine rote Senfgrüns

RICHTUNGEN

Heizen Sie den Ofen auf 400 Grad F vor.

Für die Vinaigrette die Zitronenhälften mit den Schalotten und dem Knoblauch in einer mittelgroßen Schüssel vermengen. Mit ¼ Tasse Öl, 2 Zweigen Thymian und 1 Teelöffel Salz gut vermengen und in eine Auflaufform geben. Drehen Sie die Zitronen mit der Schnittfläche nach unten und verteilen Sie die Zutaten in einer einzigen Schicht. Decken Sie die Pfanne mit Aluminiumfolie ab und rösten Sie sie unter gelegentlichem Rühren 45 bis 55 Minuten lang, bis die Schalotten weich und karamellisiert sind. Nehmen Sie die Pfanne aus dem Ofen und stellen Sie sie zum Abkühlen beiseite.

Erhöhen Sie die Ofentemperatur auf 200 °C (200 °C). Mischen Sie das Brot mit dem Öl und würzen Sie es mit Salz und Pfeffer. Legen Sie das Brot in einer Schicht auf ein Backblech und rösten Sie es 10 bis 12 Minuten lang oder bis es leicht goldbraun und noch leicht zäh ist. Lassen Sie den Ofen nach dem Toasten des Brotes eingeschaltet.

In der Zwischenzeit das Fruchtfleisch der gerösteten Zitronenhälften entkernen und grob hacken, dabei die Schale entfernen. Schneiden Sie die Wurzelenden der Schalotten ab und schälen Sie den Knoblauch. Geben Sie alles zusammen mit den restlichen $1\frac{1}{2}$ Teelöffeln Salz, dem Zitronensaft und allen in der Auflaufform verbliebenen Säften in einen Mixer. Alles glatt rühren und bei laufendem Mixer langsam die restliche halbe Tasse Öl hineinträufeln, bis die Mischung emulgiert ist. Von den restlichen Zweigen die Thymianblätter grob hacken und in den Mixer geben. Zum Mischen noch einmal pulsieren und mit Pfeffer abschmecken.

In einer großen Schüssel das Hähnchen mit ausreichend Vinaigrette vermengen, um es anzufeuchten. Das geröstete Brot und noch mehr Vinaigrette dazugeben, bis alles leicht bedeckt ist. Verteilen Sie den Inhalt der Schüssel in einer einzigen Schicht auf einem Backblech und stellen Sie ihn kurz in den Ofen, um ihn etwa 4 Minuten lang durchzuwärmen.

Nehmen Sie die Pfanne aus dem Ofen und geben Sie das Brot und das Hähnchen zusammen mit den Johannisbeeren und dem Gemüse in eine Servierschüssel oder einen Servierteller. Gut vermengen und je nach Geschmack noch mehr Vinaigrette hinzufügen.

27. Zitronen-Parmesan-Hühnersuppe mit Kräuterknödeln

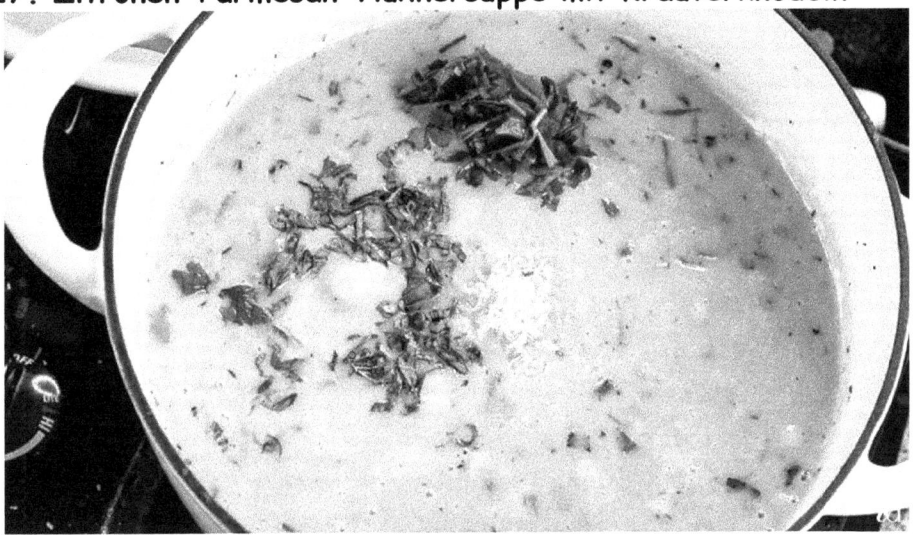

Ergibt 8 Portionen

ZUTATEN

1 (4 bis 4½ Pfund) Weidehuhn

5 Karotten, geteilt

2 große Lauchstangen (ca. 1 Pfund), gut abgespült

2 Knoblauchzehen, zerdrückt

2 Stangen Sellerie, in 5 cm große Stücke geschnitten

1 kleine Zwiebel, geschält und halbiert

4 Zweige frischer Thymian

2 Lorbeerblätter

2 Teelöffel schwarze Pfefferkörner

Koscheres Salz und frisch gemahlener schwarzer Pfeffer

1 Esslöffel ungesalzene Butter

1 Esslöffel natives Olivenöl extra

4 lange Streifen Zitronenschale, mit einem Gemüseschäler
entfernt 1 mittelgroße Parmigiano-Reggiano-Käseschale (ca.
6 Unzen)

FÜR DIE KNÖDEL:

2 Tassen ungebleichtes Allzweckmehl

2 Teelöffel Backpulver

2 Teelöffel koscheres Salz

1 Teelöffel frisch gemahlener schwarzer Pfeffer

2 Teelöffel fein gehackte Zitronenschale

¼ Tasse grob gehackte weiche frische Kräuter wie Estragon,
Schnittlauch und Petersilie

½ Unze Parmigiano-Reggiano-Käse, fein gerieben (ca. ¼ Tasse)

1 Tasse Vollmilch

2 Eier, leicht geschlagen

¼ Tasse (½ Stange) ungesalzene Butter, geschmolzen und leicht
abgekühlt

RICHTUNGEN:

Geben Sie das Huhn zusammen mit zwei der in große Stücke geschnittenen Karotten in einen großen Suppentopf. die grünen Teile des Lauchs, in 2,5 cm große Stücke geschnitten; und Knoblauch, Sellerie, Zwiebeln, Thymian, Lorbeerblätter und Pfefferkörner. Fügen Sie so viel kaltes Wasser hinzu, dass das Huhn bedeckt ist. Bei mittlerer bis hoher Hitze zum Kochen bringen, die Hitze auf köcheln lassen und 45 Minuten bis 1 Stunde sanft garen, bis das Huhn zart ist.

Geben Sie das Huhn zum Abkühlen in eine Schüssel. Wenn das Hähnchen zum Anfassen abgekühlt ist, ziehen Sie es vorsichtig auseinander und entfernen Sie die Haut und Knochen von der Hälfte des Geflügels, z. B. einem Oberschenkel, einer Keule und einem Flügel sowie der Hälfte des Brustfleisches. Entfernen Sie die Haut, geben Sie die Knochen zurück in den Suppentopf und bewahren Sie das Huhn für die Suppe auf. Kühlen Sie den Rest des Hähnchens in einem luftdichten Behälter für eine andere Verwendung, z. B. für getoastetes Brot und Hühnersalat mit gerösteter Zitronen-Schalotten-Vinaigrette. Die Brühe weiter köcheln lassen, bis sie um ein Drittel reduziert ist, etwa eine Stunde. Durch ein feinmaschiges Sieb in eine große Schüssel abseihen und die Feststoffe entfernen. Sie sollten 8 bis 10 Tassen Brühe haben. Mit Salz und Pfeffer abschmecken schmecken.

In einem breiten Topf oder Schmortopf bei mittlerer bis hoher Hitze Butter und Öl erwärmen. Fügen Sie das Eiweiß des Lauchs hinzu, halbiert und in $\frac{1}{2}$-Zoll-Stücke geschnitten, und die restlichen Karotten, in $\frac{1}{4}$-Zoll dicke Stücke geschnitten. Einige Minuten anbraten, dann Schale, Schwarte und Brühe hinzufügen. Reduzieren Sie die Hitze und lassen Sie die Suppe leicht köcheln, während Sie die Knödel zubereiten.

Für die Knödel Mehl, Backpulver, Salz, Pfeffer, Schale, Kräuter und Käse in einer mittelgroßen Schüssel verrühren. Machen Sie eine Mulde in der Mitte, geben Sie die Milch und die Eier hinein, verrühren Sie alles und fügen Sie nach und nach das Mehl hinzu. Wechseln Sie zu einem Holzlöffel und rühren Sie die Butter langsam ein, bis die Zutaten gut vermischt sind. Zu diesem Zeitpunkt sollte der Teig locker genug sein, um sich leicht rühren zu lassen, aber nicht matschig. Kratzen Sie beim Mischen mit einem Spatel die Seiten der Schüssel ab, um alle trockenen Zutaten zu vermischen. Widerstehen Sie dem Drang, zu viel zu mischen, auch wenn der Teig wie eine nasse, zottige Masse aussieht.

Mit 2 Teelöffeln aus dem Teig Knödel formen und diese auf einmal direkt in die köchelnde Suppe tauchen. Decken Sie den Topf ab und lassen Sie die Knödel fünf Minuten köcheln, bevor Sie prüfen, ob sie oben schwimmen. Wenn ja, drehen Sie sie um, fügen Sie das reservierte Hähnchen hinzu und lassen Sie weiter köcheln, bis die Knödel gar sind und das Hähnchen durchgewärmt ist, etwa 10 Minuten. Sofort servieren und die Reste die nächsten 2 bis 3 Tage weiter genießen.

28. Orangen-Kürbis-Pfannkuchen

ZUTATEN:

10 g gemahlenes Leinsamenmehl

45 ml Wasser

235 ml ungesüßte Sojamilch

15 ml Zitronensaft

60 g Buchweizenmehl

60 g Allzweckmehl

8 g Backpulver, aluminiumfrei

2 Teelöffel fein geriebene Orangenschale

25 g weiße Chiasamen

120 g Bio-Kürbispüree (oder einfach den Kürbis backen und das Fruchtfleisch pürieren)

30 ml geschmolzenes und abgekühltes Kokosöl

5 ml Vanillepaste

30 ml reiner Ahornsirup

RICHTUNGEN:

In einer kleinen Schüssel gemahlenes Leinsamenmehl mit Wasser vermischen. 10 Minuten beiseite stellen. Mandelmilch und Apfelessig in einer mittelgroßen Schüssel vermischen. Für 5 Minuten beiseite stellen.

In einer separaten großen Schüssel Buchweizenmehl, Allzweckmehl, Backpulver, Orangenschale und Chiasamen vermischen.

Mandelmilch, Kürbispüree, Kokosöl, Vanille und Ahornsirup dazugeben.

Alles verrühren, bis ein glatter Teig entsteht.

Eine große beschichtete Pfanne bei mittlerer bis hoher Hitze erhitzen. Bestreichen Sie die Pfanne vorsichtig mit etwas Kokosöl.

60 ml Teig in die Pfanne geben. Backen Sie den Pfannkuchen 1 Minute lang oder bis sich Blasen auf der Oberfläche bilden.

Heben Sie den Pfannkuchen vorsichtig mit einem Spatel an und drehen Sie ihn um.
Noch 1 1/2 Minuten kochen lassen. Den Pfannkuchen auf einen Teller schieben. Mit dem restlichen Teig wiederholen.

29. Spinat-Tofu-Rührei

SAUERRAHM:

75 g rohe Cashewnüsse, über Nacht eingeweicht,

30 ml Zitronensaft,

5 g Nährhefe,

60 ml Wasser 1 gute Prise Salz,

TOFU-RÜHREI:

15 ml Olivenöl.

1 kleine Zwiebel, gewürfelt.

1 Knoblauchzehe, gehackt.

400 fester Tofu, gepresst, zerkrümelt.

1/2 Teelöffel gemahlener Kreuzkümmel.

1/2 Teelöffel Currypulver.

1/2 Teelöffel Kurkuma.

2 Tomaten, gewürfelt.

30 g Babyspinat Salz

nach Geschmack.

RICHTUNGEN:

Machen Sie die Cashew-Sauerrahm; Eingeweichte Cashewnüsse abspülen und abtropfen lassen.

Geben Sie die Cashewnüsse, den Zitronensaft, die Nährhefe, das Wasser und das Salz in eine Küchenmaschine.

5-6 Minuten lang auf hoher Stufe mixen, bis eine glatte Masse entsteht.

In eine Schüssel umfüllen und beiseite stellen. Rühren Sie den Tofu um; Olivenöl in einer Pfanne erhitzen.

Zwiebel hinzufügen und 5 Minuten bei mittlerer Hitze kochen. Knoblauch hinzufügen und unter Rühren 1 Minute kochen lassen.

Zerkrümelten Tofu dazugeben und umrühren, bis er mit Öl bedeckt ist.

Kreuzkümmel, Curry und Kurkuma hinzufügen. Den Tofu 2 Minuten kochen.

Die Tomaten hinzufügen und 2 Minuten kochen lassen.

Den Spinat dazugeben und ca. 1 Minute kochen, bis er vollständig zusammengefallen ist. Das Tofu-Rührei auf den Teller geben.

Mit saurer Sahne belegen und servieren.

30. Chia-Haferflocken über Nacht

ZUTATEN:

470 ml vollfette Sojamilch.

90 g altmodische Haferflocken.

40 g Chiasamen.

15 ml reiner Ahornsirup.

25 g zerstoßene Pistazien.

Brombeermarmelade:

500 g Brombeeren.

45 ml reiner Ahornsirup.

30 ml Wasser.

45 g Chiasamen.

15 ml Zitronensaft.

RICHTUNGEN:

Machen Sie den Hafer; In einer großen Schüssel Sojamilch, Haferflocken, Chiasamen und Ahornsirup vermischen. Abdecken und über Nacht kühl stellen.

Machen Sie die Marmelade; Brombeeren, Ahornsirup und Wasser in einem Topf vermischen. Bei mittlerer Hitze 10 Minuten köcheln lassen.

Die Chiasamen hinzufügen und die Brombeeren 10 Minuten köcheln lassen.

Vom Herd nehmen und Zitronensaft einrühren. Die Brombeeren mit einer Gabel zerdrücken und zum Abkühlen beiseite stellen.

Montieren; Verteilen Sie die Haferflocken auf vier Schüsseln. Jede Schüssel mit Brombeermarmelade belegen.

Vor dem Servieren mit Pistazien bestreuen.

31. Gerösteter Karotten-Hummus

ZUTATEN:

1 Dose Kichererbsen, abgespült und abgetropft.

3 Karotten.

1 Knoblauchzehe.

1 Teelöffel Paprika.

1 beladener Esslöffel Tahini.

Der Saft von 1 Zitrone

2 Esslöffel zusätzliches natives Olivenöl.

6 Esslöffel Wasser.

1/2 Teelöffel Kreuzkümmelpulver.

Salz nach Geschmack.

RICHTUNGEN:

Heizen Sie den Ofen auf 200 °C vor. Waschen Sie die Karotten, schälen Sie sie, schneiden Sie sie in kleine Stücke und legen Sie sie mit einem Schuss Olivenöl, einer Prise Salz und einem halben Teelöffel Paprika auf ein Backblech. Etwa 35 Minuten backen, bis die Karotte weich ist.

Nehmen Sie sie aus dem Ofen und lassen Sie sie abkühlen. Während sie abkühlen, bereiten Sie den Hummus vor: Waschen Sie die Kichererbsen, lassen Sie sie gut abtropfen und geben Sie sie mit den restlichen Wirkstoffen in eine Lebensmittelmühle. Gehen Sie so lange vor, bis eine gut vermischte Mischung entsteht. Dann die Karotten und den Knoblauch dazugeben und den Vorgang noch einmal wiederholen!

32. Torte mit Zitronenfüllung

MERINGUE-SCHALE

3 große Eiweiße

$\frac{1}{4}$ Teelöffel Weinstein

$\frac{1}{4}$ Teelöffel koscheres Salz

10 Päckchen Aspartam-Süßstoff

FÜLLUNG

$2\frac{1}{4}$ Tassen Wasser

Abgeriebene Schale einer Zitrone plus Saft

30 Päckchen Aspartam-Süßstoff

1/3 Tasse plus 2 Esslöffel Maisstärke

2 große Eier und 2 große Eiweiße

2 Esslöffel ungesalzene Butter

Die 3 Eiweiße in einer mittelgroßen Schüssel schaumig schlagen. Weinstein, Salz und Süßungsmittel hinzufügen und steif schlagen. Ein Backblech mit Backpapier auslegen und das Baiser darauf verteilen.

In der Zwischenzeit die Füllung zubereiten: Wasser, Zitronenschale und -saft, Salz, Süßstoff und Maisstärke in einem mittelgroßen Topf vermischen.

Bei mittlerer bis hoher Hitze unter ständigem Rühren zum Kochen bringen.

Zwei Eier und zwei Eiweiß in einer kleinen Schüssel verquirlen. Rühren Sie etwa die Hälfte der heißen Maisstärkemischung ein und rühren Sie diese Eimischung dann wieder unter die in der Pfanne verbleibende Maisstärkemischung. Bei schwacher Hitze 1 Minute kochen und umrühren.

Vom Herd nehmen und die Butter unterrühren. Gießen Sie die Mischung in die gekochte und abgekühlte Baiserschale. Mit den geschnittenen Erdbeeren belegen und sofort servieren.

33.Italienischer Käsekuchen

ZUTATEN:

2 Tassen teilentrahmter Ricotta-Käse

3 Große Eier

2 Esslöffel Maisstärke

2 Päckchen Aspartam-Süßstoff

1½ Teelöffel Zitronenextrakt

1 Tasse frische Himbeeren

¼ Tasse vollfruchtige Johannisbeerkonfitüre

Heizen Sie den Ofen auf 325 °F vor. Eine 9-Zoll-Tortenplatte mit Butter bestreichen. In einer großen Schüssel Ricotta und Eier glatt rühren.

Maisstärke, Süßstoff und Zitronenextrakt unterrühren. In den vorbereiteten Tortenteller stürzen. Auf der mittleren Schiene des Ofens 1 Stunde lang backen, oder bis ein in der Mitte eingesetztes Messer sauber herauskommt.

Auf einem Kuchengitter abkühlen lassen, dann kalt stellen. Mit frischen Himbeeren belegen. Konfitüren 30 Sekunden lang bei höchster Leistung (100 Prozent Leistung) in der Mikrowelle schmelzen und dann über die Beeren träufeln.

Bis zum Servieren kühl stellen.

34.Zitronenflocken

ZUTATEN:

2 große Eier, getrennt

2 Tassen Milch

1 Umschlag geschmacksneutrale Gelatine

1 Päckchen Aspartam-Süßstoff

1 Esslöffel Zucker

2 Teelöffel Zitronenextrakt

1 Teelöffel abgeriebene Zitronenschale

In einem mittelgroßen Topf das Eigelb schlagen, bis es dick und zitronig ist. Milch und Gelatine einrühren und 5 Minuten ruhen lassen, damit sie weich werden.

Süßstoff und Zucker hinzufügen und bei schwacher Hitze unter ständigem Rühren 5 Minuten kochen lassen. Vom Herd nehmen und Zitronenextrakt und -schale unterrühren.

In eine große, flache Schüssel geben und in einer großen, mit Eiswasser gefüllten Schüssel abkühlen lassen.

Währenddessen in einer mittelgroßen Schüssel das Eiweiß schlagen, bis sich weiche Spitzen bilden. Unter die Zitronenmischung heben.

In sechs Dessertschalen verteilen und kalt stellen, bis es fest ist.

35.Rauchiger Kichererbsen-Thunfisch-Salat

KICHERERBSEN-THUNFISCH:

15 Unzen. gekochte Kichererbsen aus der Dose oder anders.

2-3 Esslöffel milchfreier Naturjoghurt oder vegane Mayonnaise.

2 Teelöffel Dijon-Senf.

1/2 Teelöffel gemahlener Kreuzkümmel.

1/2 Teelöffel geräuchertes Paprikapulver.

1 Esslöffel frischer Zitronensaft.

1 Selleriestiel gewürfelt.

2 Frühlingszwiebeln gehackt.

Meersalz nach Geschmack.

SANDWICH-MONTAGE:

4 Stück Roggenbrot oder gekeimtes Weizenbrot.

1 Tasse Säuglingsspinat.

1 Avocado in Scheiben oder Würfel geschnitten.

Salz + Pfeffer.

RICHTUNGEN:

Bereiten Sie den Kichererbsen-Thunfisch-Salat vor

Zerkleinern Sie die Kichererbsen in einer Küchenmaschine, bis sie eine grobe, krümelige Konsistenz haben. Die Kichererbsen in eine mittelgroße Schüssel geben und die restlichen Zutaten dazugeben und gut verrühren. Mit reichlich Meersalz nach eigenem Geschmack würzen.

Machen Sie Ihr Sandwich

Den Babyspinat auf jede Brotscheibe schichten; Fügen Sie mehrere Häufchen Kichererbsen-Thunfischsalat hinzu und verteilen Sie ihn gleichmäßig. Mit Avocadoscheiben, ein paar Körnern Meersalz und frisch gemahlenem Pfeffer belegen.

36. Thailändischer Quinoa-Salat

FÜR DEN SALAT:

1/2 Tasse gekochte Quinoa. Ich habe eine Kombination aus Rot und Weiß verwendet.

3 Esslöffel geriebene Karotte.

2 Esslöffel roter Pfeffer, sorgfältig in Scheiben geschnitten.

3 Esslöffel Gurke, fein geschnitten.

Wenn gefroren, 1/2 Tasse Edamame aufgetaut.

2 Frühlingszwiebeln, fein gehackt.

1/4 Tasse Rotkohl, fein geschnitten.

1 Esslöffel Koriander, sorgfältig gehackt.

2 Esslöffel geröstete Erdnüsse, gehackt (optional).

Salz schmecken.

THAI-ERDNUSS-Dressing:

1 Esslöffel cremige natürliche Erdnussbutter.

2 Teelöffel salzarme Sojasauce.

1 Teelöffel Reisessig.

1/2 Teelöffel Sesamöl.

1/2 – 1 Teelöffel Sriracha-Sauce (optional).

1 Knoblauchzehe, sorgfältig gehackt.

1/2 Teelöffel geriebener Ingwer.

1 Teelöffel Zitronensaft.

1/2 Teelöffel Agavendicksaft (oder Honig).

RICHTUNGEN:

Thai-Erdnuss-Dressing zubereiten:

Geben Sie alle Zutaten für die Zubereitung in eine kleine Schüssel und vermischen Sie alles, bis alles gut vermischt ist.

Für den Salat:

Quinoa mit dem Gemüse in einer Rührschüssel vermischen.

Fügen Sie das Dressing hinzu und vermischen Sie es gut, um es zu integrieren.

Die gerösteten Erdnüsse darüber sprühen und servieren!

37. Türkischer Bohnensalat

FÜR DEN SALAT:

1 1/2 Tasse gekochte weiße Bohnen.

1/2 Tasse gehackte Tomaten.

1/2 Tasse geschnittene Gurke.

2 grüne Paprika, in Scheiben geschnitten.

1/4 Tasse geschnittene Petersilie.

1/4 Tasse gehackter frischer Dill.

1/4 Tasse geschnittene Frühlingszwiebeln.

4 hartgekochte Eier.

DRESSING

Für die schnellen Zwiebelgurken:

2 Tassen warmes Wasser.

2 rote Zwiebeln, in dünne Scheiben geschnitten.

1 Esslöffel Zitronensaft.

1 Teelöffel Essig.

1 Teelöffel Salz.

1 Teelöffel Sumach.

RICHTUNGEN:

In einer großen Schüssel alle Zutaten für den Salat außer den Eiern vermischen.

Alles für das Dressing verquirlen und über den Salat geben. Gut umrühren und mit geschnittenen oder halbierten Eiern belegen.

So bereiten Sie die schnellen Zwiebelgurken zu:

Geben Sie die geschnittenen Zwiebeln in wirklich heißes Wasser, blanchieren Sie sie eine Minute lang und geben Sie sie in sehr kaltes Wasser, um das Kochen zu stoppen. Lassen Sie sie einige Minuten im kalten Wasser stehen und lassen Sie sie gut abtropfen.

Zitronensaft, Salz, Essig und Sumach vermischen und über die abgetropfte Zwiebel geben. Es ist innerhalb von 5 bis 10 Minuten einsatzbereit. Je länger es wartet, desto heller ist die Farbe.

Fügen Sie der Salatmischung rote Zwiebeln hinzu und rühren Sie alles gut um. Lassen Sie ein paar zusätzliche Zwiebeln für die Oberseite übrig.

Den Salat in Schüsseln verteilen und mit einigen weiteren roten Zwiebeln garnieren.

38. Gemüse- und Quinoa-Bowls

GEMÜSE:

4 mittelgroße ganze Karotten.

1 1/2 Tasse geviertelte kleine gelbe Kartoffeln.

2 Esslöffel Ahornsirup.

2 Esslöffel Olivenöl.

Je 1 gesunde Prise Meersalz + schwarzer Pfeffer.

1 Esslöffel geschnittener frischer Rosmarin.

2 Tassen halbierter Rosenkohl.

ANDENHIRSE:

1 Tasse weiße Quinoa, gut abgespült und abgetropft.

1 3/4 Tassen Wasser.

1 Prise Meersalz.

SOSSE:

1/2 Tasse Tahini.

1 mittelgroße Zitrone, entsaftet (ergibt – 3 Esslöffel oder 45 ml).

2-3 Esslöffel Ahornsirup.

Zum Servieren optional:

Frische Kräuter (Petersilie, Thymian usw.).

Granatapfelkerne.

RICHTUNGEN:

Den Ofen auf 204 °C (400 °F) vorheizen und ein Backblech mit Backpapier auslegen

Die Karotten und Kartoffeln auf das Blech legen und mit der Hälfte des Ahornsirups, der Hälfte des Olivenöls, Salz, Pfeffer und Rosmarin beträufeln. Zum Integrieren werfen. Anschließend 12 Minuten backen.

In der Zwischenzeit eine Pfanne bei mittlerer bis hoher Hitze erhitzen. Sobald es heiß ist, fügen Sie abgespültes Quinoa hinzu und braten es leicht an, bevor Sie Wasser hinzufügen, um die restliche Feuchtigkeit zu verdampfen und einen nussigen Geschmack hervorzuheben.

Unter häufigem Rühren 2-3 Minuten kochen lassen. Wasser und eine Prise Salz hinzufügen. Zum Schluss bereiten Sie das Dressing vor.

Zum Servieren Quinoa und Gemüse auf Servierschüsseln verteilen und mit einem großzügigen Schuss Tahinisauce beträufeln. Führend mit Beilagen wie Granatapfelkernen oder frischen Kräutern.

39. Quinoa-Kichererbsen-Buddha-Schüssel

KICHERERBSEN:

1 Tasse trockene Kichererbsen.

1/2 Teelöffel Meersalz.

ANDENHIRSE:

1 Esslöffel Oliven-, Traubenkern- oder Avocadoöl (oder Kokosnussöl).

1 Tasse weiße Quinoa (gut abgespült).

1 3/4 Tasse Wasser.

1 gesunde Prise Meersalz.

GRÜNKOHL:

1 große Packung Grünkohl

Tahini-Sauce:

1/2 Tasse Tahini.

1/4 Teelöffel Meersalz.

1/4 Teelöffel Knoblauchpulver.

1/4 Tasse Wasser.

ZUM SERVIEREN:

Frischer Zitronensaft.

RICHTUNGEN:

Weichen Sie die Kichererbsen entweder über Nacht in kaltem Wasser ein oder verwenden Sie die Methode des schnellen Einweichens: Geben Sie die abgespülten Kichererbsen in einen großen Topf und bedecken Sie sie mit 5 cm Wasser. Abgießen, abspülen und zurück in den Topf geben.

Um eingeweichte Kichererbsen zu kochen, geben Sie sie in einen großen Topf und bedecken Sie sie mit 5 cm Wasser. Bei starker Hitze zum Kochen bringen, dann die Hitze auf köcheln reduzieren, Salz hinzufügen und umrühren und ohne Deckel 40 Minuten bis 1 Stunde und 20 Minuten kochen lassen.

Probieren Sie nach 40 Minuten eine Bohne, um zu sehen, wie zart sie ist. Sie suchen nach einer einfach zarten Bohne mit etwas Biss, und die Schalen zeigen Anzeichen von Abblättern.

Sobald die Bohnen fertig sind, die Bohnen abtropfen lassen, beiseite stellen und mit etwas mehr Salz bestreuen.

Bereiten Sie das Dressing vor, indem Sie Tahini, Meersalz und Knoblauchpulver in eine kleine Rührschüssel geben und verrühren. Dann nach und nach Wasser hinzufügen, bis eine gießbare Soße entsteht.

1,27 cm Wasser in einen mittelgroßen Topf geben und bei mittlerer Hitze köcheln lassen. Den Grünkohl sofort vom Herd nehmen und zum Servieren in eine kleine Schüssel geben.

40. Avocado-Kichererbsen-Sandwich

1 Dose ohne Salz hinzufügen, die Kichererbsen aus den Rohren abtropfen lassen und ausspülen.

1 große reife Avocado.

1 1/2 Esslöffel Zitronensaft.

1/2 Teelöffel scharfe Chilischote, fein gehackt.

Salz und Pfeffer.

4 Scheiben Vollkornbrot.

1 große Schatztomate in Scheiben geschnitten.

1/2 Tasse süße Microgreens.

1/2 Tasse geraspelte Karotte.

1/2 Tasse vorbereitete und zerkleinerte Rüben.

RICHTUNGEN:

In einer Schüssel die Avocado relativ glatt zerdrücken, Zitronensaft, scharfe Chilischote und Kichererbsen hinzufügen. Mit Salz und Pfeffer würzen.

Um das Sandwich zusammenzustellen, legen Sie die Tomatenscheiben auf eine Brotscheibe, fügen Sie die Microgreens, die Rüben, den Kichererbsensalat und die Karotten hinzu. Genießen!

41. Sprossen mit grünen Bohnen

600 g Rosenkohl, geviertelt und geschnitten.

600 g grüne Bohnen.

1 Esslöffel Olivenöl.

1 Zitrone abreiben und auspressen.

4 Esslöffel geröstete Pinienkerne.

RICHTUNGEN:

Einige Sekunden kochen lassen, dann das Gemüse dazugeben und 3–4 Minuten braten, bis sich die Sprossen etwas verfärben.

Fügen Sie einen Spritzer Zitronensaft sowie Salz und Pfeffer hinzu und schmecken Sie ab.

42.Schweinefleisch mit Spaghettikürbis

1 Teelöffel Olivenöl

12 Unzen Schweinefilet, in 1 Zoll dicke Medaillons geschnitten

½ Teelöffel koscheres Salz

¼ Teelöffel frisch gemahlener schwarzer Pfeffer

1 Esslöffel gehackte Schalotten

1 Tasse trockener Rotwein

¼ Teelöffel Maisstärke

Abgeriebene Schale einer halben Zitrone plus 2 Teelöffel frischer Zitronensaft

1 Esslöffel reines Johannisbeergelee (ohne Zuckerzusatz).

1 Teelöffel Dijon-Senf

2 Tassen gerösteter Spaghettikürbis

Erhitzen Sie eine große Pfanne bei mittlerer bis hoher Hitze und bestreichen Sie sie dann mit dem Öl. In der Zwischenzeit die Schweinefleischstücke auf Küchenpapier trocknen und mit Salz und Pfeffer würzen. 3 bis 4 Minuten pro Seite anbraten, bis die Außenseite knusprig und braun ist und die Mitte nicht mehr rosa ist. Auf vorgewärmte Teller verteilen und aufbewahren.

Die Schalotten in die Pfanne geben und etwa 30 Sekunden kochen lassen. Den Wein hinzufügen, zum Kochen bringen und etwa 5 Minuten lang auf etwa ¼ Tasse reduzieren. Die Speisestärke im Zitronensaft auflösen und in die Soße einrühren. Unter Rühren kochen, bis die Sauce dick und seidig aussieht. Vom Herd nehmen und Gelee und Senf unterrühren. Abschmecken und mit Salz und Pfeffer würzen.

Zum Servieren auf jedem Teller ein Nest aus gerösteten Spaghettikürbis formen und mit Schweinemedaillons und Soße belegen.

43. Würzige Quinoa-Falafel

ZUTATEN:

1 Tasse gekochte Quinoa.

1 Dose Kichererbsen.

Eine halbe kleine rote Zwiebel.

1 Esslöffel Tahini.

2 Teelöffel Kreuzkümmelpulver.

1 Teelöffel Korianderpulver.

1/4 Tasse gehackte Petersilie.

3 Knoblauchzehen.

Saft einer halben Zitrone.

1 Esslöffel Kokosöl.

1 Esslöffel Tamari (GF-Sojasauce).

1/2 - 1 Teelöffel Chiliflocken.

Meersalzzubereitung.

RICHTUNGEN:

Die Kichererbsen, die roten Zwiebeln, den Knoblauch, das Tahini, die Chiliflocken, den Kreuzkümmel, den Koriander, den Zitronensaft und das Salz in eine Lebensmittelmühle geben und 15 Sekunden lang ein- und ausschalten, damit die Bohnen zerkleinert werden. Ich kann sie nicht pürieren.

Rollen Sie die Mischung mit Ihren Händen zu kleinen Kugeln (jeweils etwa 2 Esslöffel Teig) und legen Sie sie auf ein Backblech.

Legen Sie sie für 1 Stunde in den Kühlschrank.

Auf beiden Seiten mit etwas Mehl bestäuben.

Kokosöl in einer großen Pfanne bei mittlerer Hitze erhitzen.

Die Falafelbällchen dazugeben und auf jeder Seite 3–5 Minuten braten.

44. Karibischer Salzfisch

4 Portionen

ZUTATEN

- 820g Palmwärme
- 2 Frühlingszwiebeln
- 1 gelbe Zwiebel
- 2 mittelgroße Tomaten
- 4 Handschuhe Knoblauch
- 1 rote Paprika
- 1 Orangenpfeffer
- 1 Esslöffel Tamari
- 2 Esslöffel Nori-Flocken
- 1 Teelöffel frischer Thymian
- Zitronensaft
- rosa Salz und Pfeffer
- eine Handvoll frische Petersilie
- Pflanzenöl oder Wasser zum Kochen

RICHTUNGEN:

a) Das Herz der Handfläche in einer Küchenmaschine zerkleinern oder zerkleinern, bis die richtige Konsistenz erreicht ist.

b) Paprika und Frühlingszwiebeln hacken und die gelbe Zwiebel in feine Scheiben schneiden.

c) Die Paprika und beide Zwiebeln in eine Pfanne geben und 5 Minuten anbraten, bis sie leicht gar sind.

d) Die restlichen Zutaten abzüglich der Petersilie in die Pfanne geben, gut vermischen und weitere 5 Minuten kochen lassen. Den Herd ausschalten und mit viel frischer Petersilie garnieren.

45. Spinatsalat mit Brotfrucht

MACHT 6
ZUTATEN SPINATSALAT

- 500 g frischer Spinat, gewaschen und getrocknet
- 1 Teelöffel Salz 1 Teelöffel Öl
- 1 mittelgroße Zwiebel, in Scheiben geschnitten
- 6 Frühlingszwiebeln, in dünne Scheiben geschnitten
- 2 Esslöffel Zitronensaft 2 Esslöffel Olivenöl

BROTFRUCHT

- 1 grüne bis halbreife Brotfrucht
- Stark gesalzenes Wasser
- Öl zum braten

RICHTUNGEN:

a) Um den Spinatsalat zuzubereiten, reißen Sie den Spinat in große Stücke und legen Sie ihn in eine große, flache Schüssel. Mit Salz bestreuen und 15 Minuten ruhen lassen.

b) In der Zwischenzeit das Öl in einer Pfanne bei mittlerer Hitze erhitzen. Die Zwiebel dazugeben und ca. 5 Minuten anbraten, bis sie weich und glasig ist. Beiseite legen.

c) Den Spinat abtropfen lassen, trockendrücken und die Blätter in eine Servierschüssel geben. Frühlingszwiebeln, Zitronensaft und Olivenöl hinzufügen.
Leicht vermengen und mit der sautierten Zwiebel garnieren.

UM DIE BROTFRÜCHTE ZUBEREITEN

d) Die Brotfrucht schälen, vierteln und das Kerngehäuse entfernen. Der Länge nach in dicke Spalten schneiden und 1 Stunde einweichen
im Salzwasser. Nehmen Sie die Scheiben aus dem Wasser und tupfen Sie sie mit Papiertüchern trocken.

e) Bei mittlerer bis hoher Hitze so viel Öl erhitzen, dass der Boden einer großen Pfanne bedeckt ist, bis es sehr heiß ist, aber nicht raucht. Die Brotfruchtscheiben nacheinander ca. 3 bis 5 Minuten goldbraun braten. Auf Küchenpapier abtropfen lassen und bei Bedarf leicht salzen. Mit dem Spinatsalat servieren.

46. Schnelles Harissa-Hähnchen und Taboulé

Ergibt: 4 Mahlzeiten

Zutaten

- 50 g Harissa-Paste
- 1 Teelöffel natives Olivenöl extra
- 1 Prise Seehundsalz
- 3 x Hähnchenbrust (versuchen Sie es mit der Haut für zusätzlichen Geschmack)
- 180 g Bulgurweizen oder Couscous (Trockengewicht)
- 40 g Petersilie (Stängel und Blätter)
- 20 g Minzblätter
- 6-8 x Frühlingszwiebeln
- 1/2 Gurke
- 4 x Tomaten
- 6 Esslöffel griechischer Joghurt
- 1/2 Zitrone (Saft und Schale)
- 1 Knoblauchzehe (gehackt)
- 1 Prise Meersalz
- 1 Handvoll Granatapfelkerne (optional) Zubereitung

a) Für das Hähnchen: Den Backofen auf 190 °C vorheizen. Mischen Sie in einer kleinen Schüssel die Harissa-Paste, das Olivenöl und eine Prise Salz.

b) Die Oberseite der Hähnchenbrust mit einem scharfen Messer einschneiden, dann die Harissa-Mischung über die Hähnchenbrüste und in die Kerblinien reiben.

c) Während Sie warten, bereiten Sie das Taboulé zu. Bulgurweizen oder Couscous gemäß den Anweisungen auf der Rückseite der Packung kochen. Nach dem Garen abgießen, in eine große Rührschüssel füllen und die Körner mit einer Gabel trennen. Abkühlen lassen.

d) Petersilie, Minzblätter, Frühlingszwiebeln, Gurke usw. fein hacken

e) Für das Dressing: Einfach griechischen Joghurt, Zitronensaft und -schale, gehackten Knoblauch und Meersalz in einer Schüssel vermischen.

f) Sobald alle Komponenten fertig sind, verteilen Sie sie auf drei Tupperware-Behälter. Abkühlen lassen, dann in den Kühlschrank stellen und bis zu 3 Tage lagern.

47. Harissa-Hähnchen und marokkanisches Couscous

Für 4 Personen

Zutaten

- 500 g Hähnchenschenkel ohne Knochen und ohne Haut
- 1 Esslöffel natives Olivenöl extra
- 2 Esslöffel Harissa-Paste
- ½ Zitrone (entsaftet)
- 1 Zwiebel (fein gehackt)
- 3 Knoblauchzehen (zerdrückt)
- 2 Esslöffel Kokosöl
- 1 Teelöffel Kreuzkümmel
- 1 Teelöffel geräuchertes Paprikapulver
- 350 g Couscous
- 1 Würfel Gemüsebrühe
- 1 Liter abgekochtes Wasser
- 1 Bund frische Petersilie (fein gehackt)
- 1 Teelöffel Chiliflocken
- 40 g Pinienkerne
- 50 g Rosinen

Richtungen

a) Geben Sie zunächst Olivenöl, Harissa-Paste, Salz, Pfeffer und Zitronensaft auf Ihre Hähnchenschenkel und massieren Sie die Paste ein. Nach dem Überziehen beiseite stellen und marinieren lassen.

b) In der Zwischenzeit die Zwiebel und den Knoblauch hacken und dann einen Esslöffel Kokosöl in einer beschichteten Pfanne erhitzen. Die Zwiebel hinzufügen und 5 Minuten kochen, bis sie weich ist.

c) Geben Sie den Knoblauch in die Pfanne und kochen Sie ihn 2 Minuten lang, bevor Sie den Kreuzkümmel und das geräucherte Paprikapulver hinzufügen. Gewürze unter die Zwiebel und den Knoblauch rühren und dann den trockenen Couscous unterrühren.

d) Mischen Sie Gemüsebrühe und kochendes Wasser und geben Sie es dann in die Pfanne. Alles verrühren, bis alles gut vermischt ist, und den Couscous mit der Flüssigkeit aufsaugen lassen.

e) In der Zwischenzeit den restlichen Esslöffel Kokosöl in einer gusseisernen Pfanne oder Grillplatte auf hoher Stufe erhitzen. Die Harissa-Hähnchenschenkel dazugeben und auf jeder Seite 4–5 Minuten anbraten, bevor man sie aus der Pfanne nimmt und beiseite stellt.

f) Sobald der Couscous die Gemüsebrühe aufgesaugt und sein Volumen verdoppelt hat, in eine große Schüssel geben und die Rosinen, Pinienkerne, Petersilie, den Saft einer halben Zitrone, Salz, Pfeffer und Chiliflocken hinzufügen.

g) Geben Sie in jeden Ihrer Meal-Prep-Behälter ein Bett Couscous und belegen Sie es mit dem in Scheiben geschnittenen Harissa-Hähnchen.

48. Cremiges Zitronen-Thymian-Hähnchen

Für 6 Personen

Zutaten
- 2 Teelöffel frischer Thymian
- 2 Teelöffel gemischte Kräuter
- Salz und Pfeffer nach Geschmack
- 6 Hähnchenschenkel ohne Knochen und Haut
- 1 Esslöffel Öl
- 1 Zwiebel (gehackt)
- 2 Knoblauchzehen (gehackt)
- Saft von 1 Zitrone
- 100 ml Hühnerbrühe
- 200 ml Crème fraîche
- Zitronenscheiben
- Frischer Thymian

Serviervorschläge:
- Quinoa (ca. 50 g pro Portion)
- Zarter Stängelbrokkoli

Richtungen
a) Bereiten Sie zunächst das Gewürz vor, indem Sie frischen Thymian, gemischte Kräuter, Salz und Pfeffer in einer kleinen Schüssel vermischen. Streuen Sie es großzügig über Ihre Hähnchenschenkel und achten Sie darauf, dass es gleichmäßig bedeckt ist. Bewahren Sie die restlichen Gewürze zur späteren Verwendung beiseite.

b) Als nächstes das Öl bei mittlerer Hitze in eine große Pfanne geben. Sobald es heiß ist, fügen Sie Ihre Hähnchenschenkel hinzu und kochen Sie sie auf jeder Seite einige Minuten lang. Sie sollten außen knusprig und gebräunt und innen vollständig durchgegart sein (ohne rosa Flecken). Das Hähnchen aus der Pfanne nehmen und beiseite stellen.

c) In derselben Pfanne, in der Sie das Hähnchen gebraten haben, die Zwiebel und den Knoblauch hinzufügen und einige Minuten braten, bis sie weich sind. Dann den Zitronensaft, die Hühnerbrühe und die restliche Gewürzmischung hinzufügen, gut umrühren und einige Minuten sprudeln lassen.

d) Die Crème fraiche dazugeben, umrühren und weitere 2–3 Minuten köcheln lassen, damit sie eindickt. Anschließend die Hähnchenschenkel wieder in die Pfanne geben und einige Minuten erhitzen.

e) Vom Herd nehmen und mit frischen Zitronenscheiben und einer Prise Thymian garnieren. Mit Quinoa servieren und sofort genießen oder für die Essenszubereitung für die Woche portionieren. Lecker.

49. Hühnchen-Chorizo-Paella

Für 5 Personen

Zutaten
- 100g Chorizo
- 500 g Hähnchenschenkel ohne Haut
- Salz und Pfeffer nach Geschmack
- 1 Zwiebel (gehackt)
- 1 Teelöffel Kurkuma
- 1 Teelöffel Paprika
- 2 Knoblauchzehen (gehackt)
- 1 rote Paprika (in Scheiben geschnitten) ▢ 225 g Paella-Reis
- 400 ml Hühnerbrühe
- 4 Tomaten (gehackt)
- 100g Erbsen

Zum Garnieren:
- Zitronen- und Limettenspalten
- Frische Petersilie

Richtungen
a) Geben Sie zunächst die Chorizo-Stücke in eine große beschichtete Pfanne und kochen Sie sie einige Minuten lang, bis die Ränder anfangen zu bräunen und das Öl freigesetzt wird. Dann herausnehmen und für später beiseite stellen.

b) Die Hähnchenschenkel in die Pfanne geben und im natürlichen Öl der Chorizo anbraten. Mit Salz und Pfeffer würzen und durchbraten, bis auf jeder Seite gebräunt ist und keine rosa Rückstände mehr vorhanden sind. Aus der Pfanne nehmen und ebenfalls beiseite stellen.

c) Als nächstes die gehackte Zwiebel hinzufügen und einige Minuten braten, bis sie weich ist. Dann Kurkuma, Paprika, Knoblauch und rote Paprika hinzufügen und gut umrühren, um alles mit den Gewürzen zu umhüllen.

d) Nach ein paar Minuten den Paella-Reis hinzufügen und verrühren. Dann die Hühnerbrühe und die gehackten Tomaten hinzufügen und alles vermischen, bis alles gleichmäßig vermischt ist.

e) Die Chorizo-Stücke wieder in die Pfanne geben und umrühren, dann die Hähnchenschenkel dazugeben. Die Pfanne mit einem Deckel abdecken und 15 Minuten köcheln lassen, damit der Reis kochen und die Flüssigkeit aufsaugen kann.

f) Zum Schluss die Erbsen dazugeben, umrühren und noch ein paar Minuten erwärmen lassen, bevor man den Herd nimmt. Mit reichlich Limetten- und Zitronenspalten und einer Garnitur frischer Petersilie servieren.

50. Gebratenes Thunfischsteak und Süßkartoffelspalten

Ergibt 4

Zutaten
Für die Thunfischsteaks:
- 4 x 150 g Thunfischsteaks
- 1 Teelöffel grobes Meersalz
- 1 Esslöffel 100 % Kokosöl (geschmolzen)
- 2 Esslöffel rosa Pfefferkörner
- Für die Süßkartoffeln:
- 4 große Süßkartoffeln
- 1 Esslöffel Mehl
- 1/2 Teelöffel Salz
- 1/2 Teelöffel Pfeffer
- 1/2 Esslöffel 100 % Kokosöl (geschmolzen)

Richtungen
a) Heizen Sie zunächst Ihren Backofen auf 200 °C vor.
b) Dann bereiten Sie die Süßkartoffeln vor. Jede Kartoffel sauber schrubben und überall mit einer Gabel einstechen. Auf einen mikrowellengeeigneten Teller legen und 4-5 Minuten lang auf höchster Stufe in der Mikrowelle erhitzen, dann aus der Mikrowelle nehmen und ein oder zwei Minuten abkühlen lassen.
c) Sobald die Süßkartoffeln so weit abgekühlt sind, dass man sie anfassen kann, schneiden Sie sie in Spalten. Streuen Sie Mehl, Salz, Pfeffer und geschmolzenes Kokosöl über die Spalten und schütteln Sie sie ein wenig, damit sie bedeckt sind (dadurch werden sie superknusprig). Auf ein Backblech legen und bei 200 °C 15-20 Minuten backen.
d) Wenn die Süßkartoffel-Pommes fast fertig sind, ist es Zeit, Ihre Thunfischsteaks zuzubereiten. Bestreichen Sie jedes Steak auf beiden Seiten mit geschmolzenem Kokosnussöl, bestreuen Sie es mit Salz und legen Sie es in eine große

Brat- oder Grillpfanne, die bereits etwa eine Minute lang auf dem Herd steht.

e) Braten Sie die Thunfischsteaks auf jeder Seite 1–2 Minuten lang, wenn Sie angebratenen Thunfisch bevorzugen, oder 3–4 Minuten auf jeder Seite, wenn Sie ihn durchgegart bevorzugen.

f) Bereiten Sie Ihre Meal-Prep-Boxen mit einem Bett aus Salat oder Spinatblättern vor, teilen Sie dann die Süßkartoffelspalten auf und fügen Sie zum Schluss ein Thunfischsteak hinzu. Das Steak mit zerstoßenen rosa Pfefferkörnern bestreuen und mit einer Zitronenscheibe servieren.

g) In luftdichten Behältern im Kühlschrank bis zu 3 Tage aufbewahren. Wenn Sie zum Verzehr bereit sind, nehmen Sie den Deckel ab und legen Sie ihn locker wieder darauf, sodass ein kleiner Spalt frei bleibt. 3 ½ Minuten lang auf höchster Stufe in der Mikrowelle erhitzen, bis es kochend heiß ist. Vor dem Verzehr 1 Minute stehen lassen.

51. Schneller, würziger Cajun-Lachs und Knoblauchgemüse

Zutaten

- 3 Knoblauchzehen (grob gehackt)
- 1 Zitrone (in sehr dünne Ringe geschnitten)
- 3 Wildlachsfilets
- 1,5 Esslöffel Cajun-Gewürz
- 1 Esslöffel Olivenöl
- 1 Teelöffel grobes Meersalz und schwarzer Pfeffer
- 180 g (Trockengewicht) Couscous
- 10-12 Stängel zarter Stängelbrokkoli
- 2 Zucchini

Richtungen

a) Backofen auf 160°C vorheizen. Schneiden Sie die trockenen Enden des zarten Brokkoli-Stiels ab (ca. 1 cm) und formen Sie die Zucchini spiralförmig.

b) Den Brokkoli auf ein tiefes Backblech legen, mit Zucchini, Knoblauch und Zitrone belegen und mit Meersalz und schwarzem Pfeffer würzen. Mit etwas Olivenöl beträufeln.

c) Reiben Sie die Lachsfilets von allen Seiten mit dem restlichen Olivenöl und dem Cajun-Gewürz ein und legen Sie sie dann mit der Hautseite nach oben auf das Gemüse. 25 Minuten backen, dann erhöhen
Die Temperatur auf 180 °C erhöhen und weitere 5 Minuten backen, bis die Haut knusprig wird.

d) Couscous gemäß den Anweisungen auf der Packung kochen und dann auf 3 Tupperware-Behälter verteilen. Den Lachs, das Gemüse und einige Zitronenscheiben auf die Behälter verteilen und abkühlen lassen. Abdecken und bis zu 3 Tage im Kühlschrank lagern.

e) Wenn Sie es verzehren möchten, stellen Sie es 3 Minuten lang bei voller Leistung in die Mikrowelle, bis es kochend heiß ist.

52. Thunfisch-Nudelsalat

Für 3 Personen

Zutaten
- 200g gekochte Nudeln
- 2 Dosen Thunfisch
- 1 Dose Zuckermais (100g)
- 2 Karotten (zerkleinert) ⬜ 1 gelbe Paprika (gewürfelt) Für das Dressing:
- 4 Esslöffel Olivenöl
- 1 Zitrone (Saft und Schale)
- ½ Teelöffel Knoblauchpulver
- Salz und Pfeffer nach Geschmack

Richtungen
a) Bereiten Sie zunächst das Dressing zu, indem Sie Öl, Zitronensaft und -schale, Knoblauchpulver sowie Salz und Pfeffer in eine kleine Schüssel geben und gut vermischen.

b) Als nächstes geben Sie Ihre gekochten Nudeln in eine große Schüssel und fügen dann die geraspelte Karotte, den Mais, die gewürfelte Paprika und den abgetropften Thunfisch hinzu. Gießen Sie das Dressing darüber und vermischen Sie alles vorsichtig mit einem großen Löffel, sodass alles gleichmäßig verteilt ist.

c) In 3 Meal-Prep-Behälter portionieren und für die nächsten Tage im Kühlschrank aufbewahren. Mittagessen sortiert.

53. Mediterrane Putenfleischbällchen mit Tzatziki

Portionen: 50

Zutaten:
- 2 Pfund gemahlener Truthahn
- 2 Esslöffel Olivenöl
- 1 mittelgroße Zwiebel, fein gehackt
- Prise Salz
- 1 mittelgroße Zucchini, gerieben
- 1½ Esslöffel Kapern, gehackt
- ½ Tasse sonnengetrocknete Tomaten, gehackt
- 2 Scheiben Vollkornbrot (oder Weißbrot)
- ½ Tasse Petersilie
- 1 Ei
- 1 große Knoblauchzehe, fein gehackt
- ½ Teelöffel koscheres Salz
- ½ Teelöffel schwarzer Pfeffer
- 1 Esslöffel Worcestershire-Sauce
- ½ Tasse geriebener oder geriebener Parmesankäse ⬜ 2 Esslöffel fein gehackte frische Minze

Für Tzatziki-Sauce
- 8 Unzen fettarmer Naturjoghurt
- 1 große Knoblauchzehe, gehackt
- 1 Zitrone, geriebene Schale
- 1 Esslöffel frische Minze
- ½ Gurke, geschält

Richtungen:
a) Backofen auf 375 Grad vorheizen. Bereiten Sie zwei Backbleche vor, indem Sie sie mit Alufolie auslegen und mit Gemüsespray besprühen.

b) 1 Esslöffel Olivenöl bei mittlerer Hitze in einer mittelgroßen Pfanne erhitzen. Die Zwiebeln und eine Prise Salz hinzufügen und glasig dünsten. Zwiebeln in eine große Schüssel geben.

c) Geben Sie den restlichen Esslöffel Olivenöl in die Pfanne und geben Sie die geriebene Zucchini hinzu. Mit einer Prise Salz bestreuen und kochen, bis die Zucchini zusammengefallen und weich ist – etwa 5 Minuten. Zucchini mit den Zwiebeln in die Schüssel geben. Kapern und sonnengetrocknete Tomaten dazugeben und verrühren.

d) Geben Sie das Brot in die Schüssel einer Mini-Küchenmaschine und zerkleinern Sie es, bis feine Semmelbrösel entstehen. Die Petersilie dazugeben und mehrmals pulsieren, bis die Petersilie gehackt und gut mit den Semmelbröseln vermischt ist. Semmelbrösel in die Schüssel geben. Ei, Knoblauch, koscheres Salz, schwarzen Pfeffer, Worcestershire-Sauce, Parmesankäse und Minze in die Schüssel geben und umrühren.

e) Fügen Sie das Putenfleisch hinzu und verarbeiten Sie den Truthahn mit den Händen in das Bindemittel, bis alles gut vermischt ist. Nehmen Sie einen Esslöffel Truthahnmischung heraus und rollen Sie ihn zwischen Ihren Händen zu einem Fleischbällchen. Legen Sie die Fleischbällchen im Abstand von etwa 2,5 cm auf das Backblech. 20–25 Minuten backen, bis es leicht gebräunt und durchgegart ist.

f) In der Zwischenzeit die Tzatziki-Sauce zubereiten: Knoblauch, Zitrone, Minze und Gurke in einer kleinen Schüssel vermischen und verrühren. Den Joghurt dazugeben und umrühren. Abdecken und bis zum Servieren kalt stellen.

g) Die Fleischbällchen auf eine Platte legen und das Tzatziki als Beilage servieren.

54. Einfacher mexikanischer Kichererbsensalat

Für 4 Personen.

Zutaten
- 19 Unzen Kichererbsen aus der Dose, abgespült und abgetropft
- 1 große Tomate, gehackt
- 3 ganze Frühlingszwiebeln, in Scheiben geschnitten ODER gewürfelte rote Zwiebeln im S-Cup-Format
- 1/4 Tasse fein gehackter Koriander (frischer Koriander)
- 1 Avocado, gewürfelt (optional)
- 2 Esslöffel Pflanzen- oder Olivenöl
- 1 Esslöffel Zitronensaft
- 1 Teelöffel Kreuzkümmel
- 1/4 Teelöffel Chilipulver
- 1/4 Teelöffel Salz

Richtungen
a) In einer Schüssel Öl, Zitronensaft, Kreuzkümmel, Chilipulver und Salz verquirlen.
b) Kichererbsen, Tomaten, Zwiebeln und Koriander hinzufügen und vermischen, bis alles gut vermischt ist.
c) Wenn Sie Avocado verwenden, fügen Sie diese erst kurz vor dem Servieren hinzu. Kann bis zu 2 Tage im Kühlschrank aufbewahrt werden.

55. Tofu-Spinat-Cannelloni

Für 3–4 Personen

Zutaten

- 8 Cannelloni/Manicotti-Nudeln (bei Bedarf glutenfrei), al dente gekocht
- 1 16 oz. Glas Ihrer Lieblings-Pastasauce
- 2 Esslöffel Olivenöl
- 1 mittelgroße Zwiebel, gehackt
- 1 1o oz. Packung gefrorener Spinat, aufgetaut und gehackt – oder
  1 Tüte frischer Babyspinat, gehackt
- 16 Unzen. fester oder seidiger Tofu
- 1/2 Tasse eingeweichte Cashewnüsse, abgetropft und fein gemahlen (optional)
- 1/4 Tasse geriebene Karotten (optional)
- 2 Esslöffel Zitronensaft
- 1 Knoblauchzehe, gehackt
- 1 Esslöffel Nährhefe
- 1 Teelöffel Salz
- 1/4 Teelöffel schwarzer Pfeffer
- Geriebener veganer Käse, z. B. Daiya (optional)

Richtungen

a) In einer beschichteten Pfanne die Zwiebeln im Öl anbraten, bis sie glasig sind. Den Spinat einrühren und die Hitze ausschalten.

b) In einer Schüssel Tofu, Cashewnüsse (falls verwendet), Karotten, Zitronensaft, Knoblauch, Nährhefe, Salz und Pfeffer vermischen.

c) Die Spinat-Zwiebel-Mischung zur Tofu-Mischung geben und gut verrühren.

d) Ofen auf 350F vorheizen. Gießen Sie eine dünne Schicht Nudelsauce auf den Boden einer 9×133-Pfanne.

e) Füllen Sie jede gekochte Schale mit einem kleinen Löffel mit Füllung. Die gefüllten Schalen in der Pfanne ausrichten und mit der restlichen Nudelsoße bedecken.

f) Decken Sie die Pfanne mit Folie ab, damit die Schalen nicht austrocknen.

g) Etwa 30 Minuten lang backen oder bis sich Blasen bilden.

h) Wenn Sie veganen Käse hinzufügen, streuen Sie ihn für die letzten 2 Minuten im Ofen darüber.

56. Rauchiger Kichererbsen-Thunfischsalat

Kichererbsen-Thunfisch:

- 15 Unzen. gekochte Kichererbsen aus der Dose oder anders.
- 2-3 Esslöffel milchfreier Naturjoghurt oder vegane Mayonnaise.
- 2 Teelöffel Dijon-Senf.
- 1/2 Teelöffel gemahlener Kreuzkümmel.
- 1/2 Teelöffel geräuchertes Paprikapulver.
- 1 Esslöffel frischer Zitronensaft.
- 1 Selleriestange gewürfelt.
- 2 Frühlingszwiebeln gehackt.
- Meersalz nach Geschmack.

Sandwich-Montage:

- 4 Stück Roggenbrot oder gekeimtes Weizenbrot.
- 1 Tasse Säuglingsspinat.
- 1 Avocado in Scheiben oder Würfel geschnitten.
- Salz + Pfeffer.

Richtungen:

a) Zerkleinern Sie die Kichererbsen in einer Küchenmaschine, bis sie eine grobe, krümelige Konsistenz haben. Die Kichererbsen in eine mittelgroße Schüssel geben und die restlichen aktiven Zutaten dazugeben und gut verrühren. Mit reichlich Meersalz nach eigenem Geschmack würzen.

b) Den Babyspinat auf jede Brotscheibe schichten; Fügen Sie mehrere Häufchen Kichererbsen-Thunfischsalat hinzu und verteilen Sie ihn gleichmäßig. Mit Avocadoscheiben, ein paar Körnern Meersalz und frisch gemahlenem Pfeffer belegen.

57. Thailändischer Quinoa-Salat

Für den Salat:

- 1/2 Tasse gekochte Quinoa
- 3 Esslöffel geriebene Karotte.
- 2 Esslöffel rote Paprika, sorgfältig in Scheiben geschnitten.
- 3 Esslöffel Gurke, fein geschnitten.
- 1/2 Tasse Edamame
- 2 Frühlingszwiebeln, fein gehackt.
- 1/4 Tasse Rotkohl, fein geschnitten.
- 1 Esslöffel Koriander, sorgfältig gehackt.
- 2 Esslöffel geröstete Erdnüsse, gehackt (optional).
- Salz.

Thailändisches Erdnussdressing:

- 1 Esslöffel cremige natürliche Erdnussbutter.
- 2 Teelöffel salzarme Sojasauce.
- 1 Teelöffel Reisessig.
- 1/2 Teelöffel Sesamöl.
- 1/2 – 1 Teelöffel Sriracha-Sauce (optional).
- 1 Knoblauchzehe, sorgfältig gehackt.
- 1/2 Teelöffel geriebener Ingwer.
- 1 Teelöffel Zitronensaft.
- 1/2 Teelöffel Agavennektar (oder Honig).

Richtungen:

a) Geben Sie alle Zutaten für die Zubereitung in eine kleine Schüssel und vermischen Sie alles, bis alles gut vermischt ist.

b) Quinoa mit dem Gemüse in einer Rührschüssel vermischen. Fügen Sie das Dressing hinzu und vermischen Sie es gut, um es zu integrieren.

c) Die gerösteten Erdnüsse darüber sprühen und servieren!

58. Türkischer Bohnensalat

Für den Salat:

- 1 1/2 Tassen gekochte weiße Bohnen.
- 1/2 Tasse gehackte Tomaten.
- 1/2 Tasse geschnittene Gurke.
- 2 grüne Paprika, in Scheiben geschnitten.
- 1/4 Tasse geschnittene Petersilie.
- 1/4 Tasse gehackter frischer Dill.
- 1/4 Tasse geschnittene Frühlingszwiebeln.
- 4 hartgekochte Eier.

Dressing

- 2 Tassen warmes Wasser.
- 2 rote Zwiebeln, in dünne Scheiben geschnitten.
- 1 Esslöffel Zitronensaft.
- 1 Teelöffel Essig.
- 1 Teelöffel Salz.
- 1 Teelöffel Sumach.

Richtungen:

a) In einer großen Schüssel alle Zutaten für den Salat außer den Eiern vermischen.

b) Alles für das Dressing verquirlen und über den Salat geben. Gut umrühren und mit geschnittenen oder halbierten Eiern belegen.

c) Geben Sie die geschnittenen Zwiebeln in wirklich heißes Wasser, blanchieren Sie sie eine Minute lang und geben Sie sie in sehr kaltes Wasser, um das Kochen zu stoppen. Lassen Sie sie einige Minuten im kalten Wasser stehen und lassen Sie sie gut abtropfen.

d) Zitronensaft, Salz, Essig und Sumach vermischen und über die abgetropfte Zwiebel geben. Es ist innerhalb von 5 bis 10 Minuten einsatzbereit.
Je länger es wartet, desto heller ist die Farbe.

e) Fügen Sie der Salatmischung rote Zwiebeln hinzu und rühren Sie alles gut um. Lassen Sie ein paar zusätzliche Zwiebeln für die Oberseite übrig.

f)   Den Salat in Schüsseln verteilen und mit einigen weiteren roten Zwiebeln garnieren.

59. Gemüse- und Quinoa-Bowls

Gemüse:

- 4 mittelgroße ganze Karotten.
- 1 1/2 Tassen geviertelte kleine gelbe Kartoffeln.
- 2 Esslöffel Ahornsirup.
- 2 Esslöffel Olivenöl.
- Je 1 gesunde Prise Meersalz + schwarzer Pfeffer.
- 1 Esslöffel geschnittener frischer Rosmarin.
- 2 Tassen halbierter Rosenkohl.

Andenhirse:

- 1 Tasse weiße Quinoa, gut abgespült und abgetropft.
- 1 3/4 Tassen Wasser.
- 1 Prise Meersalz.

Soße:

- 1/2 Tasse Tahini.
- 1 mittelgroße Zitrone, entsaftet (ergibt 3 Esslöffel oder 45 ml).
- 2-3 Esslöffel Ahornsirup.

Zum Servieren optional:

- Frische Kräuter (Petersilie, Thymian usw.).
- Granatapfelkerne.

Richtungen:

a) Den Ofen auf 204 °C (400 °F) vorheizen und ein Backblech mit Backpapier auslegen

b) Die Karotten und Kartoffeln auf das Blech legen und mit der Hälfte des Ahornsirups, der Hälfte des Olivenöls, Salz, Pfeffer und Rosmarin beträufeln. Zum Integrieren werfen. Anschließend 12 Minuten backen.

c) In der Zwischenzeit eine Pfanne bei mittlerer bis hoher Hitze erhitzen. Sobald es heiß ist, fügen Sie abgespültes Quinoa hinzu und braten es leicht an, bevor Sie Wasser hinzufügen, um die restliche Feuchtigkeit zu verdampfen und einen nussigen Geschmack hervorzuheben.

d) Unter häufigem Rühren 2-3 Minuten kochen lassen. Wasser und eine Prise Salz hinzufügen. Zum Schluss bereiten Sie das Dressing vor.

e) Zum Servieren Quinoa und Gemüse auf Servierschüsseln verteilen und mit einem großzügigen Schuss Tahinisauce beträufeln. Führend mit Beilagen wie Granatapfelkernen oder frischen Kräutern.

60. Avocado-Kichererbsen-Sandwich

Zutaten:

- 1 Dose ohne Salz hinzufügen, die Kichererbsen aus den Rohren abtropfen lassen und ausspülen.
- 1 große reife Avocado.
- 1 1/2 Esslöffel Zitronensaft.
- 1/2 Teelöffel scharfe Chilischote, fein gehackt.
- Salz und Pfeffer.
- 4 Scheiben Vollkornbrot.
- 1 große Schatztomate in Scheiben geschnitten.
- 1/2 Tasse süße Microgreens.
- 1/2 Tasse geraspelte Karotte.
- 1/2 Tasse vorbereitete und zerkleinerte Rüben.

Richtungen:

a) In einer Schüssel die Avocado relativ glatt zerdrücken, Zitronensaft, scharfe Chilischote und Kichererbsen hinzufügen. Mit Salz und Pfeffer würzen.

b) Um das Sandwich zusammenzustellen, legen Sie die Tomatenscheiben auf eine Brotscheibe, fügen Sie die Microgreens, die Rüben, den Kichererbsensalat und die Karotten hinzu. Genießen!

61.Sprossen mit grünen Bohnen

Zutaten:

- 600 g Rosenkohl, geviertelt und geschnitten.
- 600 g grüne Bohnen.
- 1 Esslöffel Olivenöl.
- 1 Zitrone abreiben und auspressen.
- 4 Esslöffel geröstete Pinienkerne.

Richtungen:

a) Ein paar Sekunden kochen lassen, dann das Gemüse dazugeben und 3-4 Minuten unter Rühren anbraten, bis die Sprossen etwas Farbe bekommen.

b) Fügen Sie einen Spritzer Zitronensaft sowie Salz und Pfeffer hinzu und schmecken Sie ab.

62.Schweinefleisch mit Spaghettikürbis

Zutaten

- 1 Teelöffel Olivenöl
- 12 Unzen Schweinefilet, in 1 Zoll dicke Medaillons geschnitten
- $\frac{1}{2}$ Teelöffel koscheres Salz
- $\frac{1}{4}$ Teelöffel frisch gemahlener schwarzer Pfeffer
- 1 Esslöffel gehackte Schalotten
- 1 Tasse trockener Rotwein
- $\frac{1}{4}$ Teelöffel Maisstärke
- Abgeriebene Schale einer halben Zitrone plus 2 Teelöffel frischer Zitronensaft
- 1 Esslöffel reines Johannisbeergelee (ohne Zuckerzusatz).
- 1 Teelöffel Dijon-Senf ⬝ 2 Tassen gerösteter Spaghettikürbis

a) Erhitzen Sie eine große Pfanne bei mittlerer bis hoher Hitze und bestreichen Sie sie dann mit dem Öl. In der Zwischenzeit die Schweinefleischstücke auf Küchenpapier trocknen und mit Salz und Pfeffer würzen. 3 bis 4 Minuten pro Seite anbraten, bis die Außenseite knusprig und braun ist und die Mitte nicht mehr rosa ist. Auf vorgewärmte Teller verteilen und aufbewahren.

b) Die Schalotten in die Pfanne geben und etwa 30 Sekunden kochen lassen. Den Wein hinzufügen, zum Kochen bringen und auf etwa $\frac{1}{4}$ Tasse reduzieren, 5 Minuten oder so. Die Speisestärke im Zitronensaft auflösen und in die Soße einrühren. Unter Rühren kochen, bis die Sauce dick und seidig aussieht. Vom Herd nehmen und Gelee und Senf unterrühren. Abschmecken und mit Salz und Pfeffer würzen.

c) Zum Servieren auf jedem Teller ein Nest aus gerösteten Spaghettikürbis formen und mit Schweinemedaillons und Soße belegen.

63. Würzige Quinoa-Falafel

Zutaten:

- 1 Tasse gekochte Quinoa.
- 1 Dose Kichererbsen.
- Eine halbe kleine rote Zwiebel.
- 1 Esslöffel Tahini.
- 2 Teelöffel Kreuzkümmelpulver.
- 1 Teelöffel Korianderpulver.
- 1/4 Tasse gehackte Petersilie.
- 3 Knoblauchzehen.
- Saft einer halben Zitrone.
- 1 Esslöffel Kokosöl.
- 1 Esslöffel Tamari (GF-Sojasauce).
- 1/2 - 1 Teelöffel Chiliflocken.
- Meersalzzubereitung.

Richtungen:

a) Die Kichererbsen, die roten Zwiebeln, den Knoblauch, das Tahini, die Chiliflocken, den Kreuzkümmel, den Koriander, den Zitronensaft und das Salz in eine Lebensmittelmühle geben und 15 Sekunden lang ein- und ausschalten, damit die Bohnen zerkleinert werden. Ich kann sie nicht pürieren.

b) Rollen Sie die Mischung mit Ihren Händen zu kleinen Kugeln (jeweils etwa 2 Esslöffel Teig) und legen Sie sie auf ein Backblech.

c) Legen Sie sie für 1 Stunde in den Kühlschrank.

d) Auf beiden Seiten mit etwas Mehl bestäuben.

e) Kokosöl in einer großen Pfanne bei mittlerer Hitze erhitzen.

f) Die Falafelbällchen dazugeben und auf jeder Seite 3–5 Minuten braten.

SÜSSIGKEITEN

64. Mini-Zitronen-Baiser-Whoopie-Pies mit Zitronenquarkfüllung

Ergibt etwa zwei Dutzend Whoopie Pies

½ Tasse Kristallzucker

¼ Tasse hellbrauner Zucker

3 Eiweiß, zimmerwarm

¼ Teelöffel Weinstein

Eine Prise koscheres Salz

½ Teelöffel Vanilleextrakt

⅔ Tasse (½ Rezept) Lemon Curd

Heizen Sie den Ofen auf 200 Grad F vor. Legen Sie 2 Backbleche mit Backpapier aus.

Geben Sie den Kristallzucker und den braunen Zucker in die Schüssel einer Küchenmaschine. In kurzen Stößen pulsieren, bis sie gut eingearbeitet und fein gemahlen sind. Beiseite legen.

Geben Sie das Eiweiß in die saubere, trockene Schüssel einer Küchenmaschine mit Schneebesenaufsatz oder in eine saubere, trockene Schüssel, die mit einem elektrischen Handmixer verwendet werden kann. (Wenn sich auch nur ein Tropfen Eigelb, Öl oder Wasser in der Schüssel oder im Eiweiß befindet, werden sie nicht steif.) Beginnen Sie mit dem Mischen bei mittlerer bis niedriger Geschwindigkeit. Wenn das Eiweiß schaumig ist, Weinstein und Salz dazugeben und etwa 2 Minuten weiter schlagen, bis das Eiweiß dick und schaumig ist. Erhöhen Sie die Geschwindigkeit auf mittelhoch und geben Sie die Zuckermischung langsam hinzu, jeweils etwa einen Esslöffel. Wenn der gesamte Zucker eingearbeitet ist, erhöhen Sie die Geschwindigkeit auf eine hohe Stufe und schlagen Sie etwa 10 Minuten lang, bis sich steife, glänzende Spitzen bilden. Fügen Sie die Vanille hinzu und schlagen Sie sie etwa 5 Sekunden lang, bis sie gerade vermischt ist.

Geben Sie das Baiser in einen Spritzbeutel mit einer einfachen ½-Zoll-Spitze oder in einen Druckverschlussbeutel mit abgeschnittener Ecke. Halten Sie den Beutel senkrecht zu den Backblechen und spritzen Sie kleine flache Scheiben mit einem

Durchmesser von etwa 2,5 cm und einer Höhe von etwa 2,5 cm auf. Backen, bis die Baiser trocken und knusprig sind, etwa $1\frac{1}{2}$ Stunden. Schalten Sie den Ofen aus und lassen Sie sie dort vollständig abkühlen.

Um die Kekse zusammenzustellen, legen Sie die Hälfte der Baisers mit der flachen Seite nach oben auf ein Backblech. Geben Sie den gekühlten Quark in einen sauberen Spritzbeutel mit einer einfachen $\frac{1}{2}$-Zoll-Spitze oder in einen anderen Druckverschlussbeutel, bei dem eine Ecke abgeschnitten ist. Auf jedes Baiser etwa 2 Teelöffel geben. Drücken Sie die restlichen Baisers vorsichtig mit der flachen Seite nach unten auf den Quark. Während sie ruhen, werden die Baisers weicher und zäher.

65. Beste Zitronenriegel

Ergibt 2 Dutzend (1½ x 3 Zoll) Riegel

FÜR DIE KRUSTE:

2½ Tassen ungebleichtes Allzweckmehl

¾ Teelöffel koscheres Salz

1 Tasse (2 Stangen) ungesalzene Butter, bei Zimmertemperatur

¾ Tasse Zucker

2 Teelöffel fein gehackte Zitronenschale

1 Teelöffel Vanilleextrakt

FÜR DEN TOPPING:

6 Eier, leicht geschlagen

2 Tassen Zucker

¼ Tasse plus 1 Esslöffel ungebleichtes Allzweckmehl

1 Tasse frisch gepresster Zitronensaft (von 4 mittelgroßen Zitronen)

1 Esslöffel plus 2 Teelöffel fein gehackte Zitronenschale (von 2 kleinen Zitronen)

½ Tasse Vollmilch

½ Teelöffel koscheres Salz

Puderzucker zum Servieren

· · · · · · · · · ·

Heizen Sie den Ofen auf 350 Grad F vor. Legen Sie eine 9 x 13 Zoll große Backform mit Folie aus und bestreichen Sie die Folie leicht mit Kochspray oder geschmolzener Butter.

Für die Kruste Mehl und Salz in einer kleinen Schüssel verrühren. Mit einem Standmixer mit Rühraufsatz oder einem elektrischen Handmixer Butter und Zucker bei mittlerer Geschwindigkeit etwa 3 Minuten lang schlagen, bis eine helle Farbe und eine lockere Konsistenz entsteht. Die Schale und die Vanille dazugeben und vermischen. Reduzieren Sie die Geschwindigkeit auf niedrige Geschwindigkeit und geben Sie die Mehlmischung hinzu. Kratzen Sie dabei mehrmals mit einem Spatel über den Boden und die Seiten der Schüssel. Hören Sie mit dem Mischen auf, wenn die Zutaten vollständig eingearbeitet, aber noch krümelig sind. Nicht zu viel vermischen, sonst lässt sich die Kruste nur schwer in der Pfanne verteilen. Gießen Sie den krümeligen Teig in die vorbereitete Form und verteilen Sie ihn mit den Fingern gleichmäßig auf dem Boden. Drücken Sie ihn leicht nach unten und achten Sie darauf, dass der Teig leicht an den Seiten der Form ansteigt, um den Belag aufzunehmen. Etwa 25 Minuten backen, bis es goldbraun ist.

In der Zwischenzeit den Belag zubereiten. In einer großen Schüssel die Eier mit Zucker und Mehl verquirlen. Zitronensaft und -schale, Milch und Salz einrühren.

Sobald die Kruste fertig ist, reduzieren Sie die Ofentemperatur auf 180 °C. Rühren Sie die Zutaten für den Belag noch einmal zusammen, bevor Sie den Belag über die warme Kruste gießen. Stellen Sie die Form in die Mitte des Ofens und backen Sie sie etwa 20 Minuten lang, bis sich der Belag bei leichter Berührung fest anfühlt. Kühlen Sie die Pfanne auf einem Kuchengitter mindestens 30 Minuten lang oder auf Raumtemperatur ab, bevor Sie die Riegel schneiden. Vor dem Servieren großzügig mit Puderzucker bestäuben.

66. Zitronen-Mohn-Parfait mit Erdbeeren

Ergibt 6 bis 8 Portionen

FÜR DIE MERINGUES:

¾ Tasse feinster Zucker

3 Eiweiß, zimmerwarm

Eine Prise koscheres Salz

1 Esslöffel Mohn

2 Tassen Sahne

⅔ Tasse (½ Rezept) Lemon Curd

2 Pints frische Erdbeeren, geschält und halbiert oder geviertelt

3 Esslöffel Zucker

2 Esslöffel frisch gepresster Zitronensaft

3 bis 4 frische Minzblätter

Heizen Sie den Ofen auf 200 Grad F vor. Geben Sie den Zucker in eine Kuchenform oder eine kleine Pfanne mit Rand und erwärmen Sie ihn 10 Minuten lang im Ofen. Ein Backblech mit Backpapier auslegen und beiseite stellen.

Um die Baiser zuzubereiten, geben Sie das Eiweiß in die saubere, trockene Schüssel einer Küchenmaschine mit Schneebesenaufsatz oder in eine saubere, trockene Schüssel, die mit einem elektrischen Handmixer verwendet werden kann. (Wenn sich auch nur ein kleiner Fleck Eigelb, Öl oder Wasser in der Schüssel oder im Eiweiß befindet, wird es nicht steif.) Beginnen Sie mit dem Mischen bei mittlerer Geschwindigkeit und fügen Sie eine Prise Salz hinzu, wenn das Eiweiß schaumig ist. Schlagen Sie etwa 2 Minuten lang weiter, bis das Eiweiß dick und schaumig ist. Erhöhen Sie die Geschwindigkeit auf mittelhoch und beginnen Sie, den warmen Zucker langsam hinzuzufügen, jeweils einen Esslöffel. Wenn der gesamte Zucker eingearbeitet ist, erhöhen Sie die Geschwindigkeit auf eine hohe Stufe und schlagen Sie etwa 10 Minuten lang, bis sich steife, glänzende Spitzen bilden. Mit einem Spatel den Mohn vorsichtig unterheben.

Das Baiser auf das vorbereitete Backblech verteilen, sechs Hügel formen und die Oberfläche mit der Rückseite eines Löffels etwas flach drücken. Die Baiser ca. 1½ Stunden backen, bis sie trocken und knusprig sind. Waschen und trocknen Sie die Rührschüssel und den Schneebesen und stellen Sie sie in den Kühlschrank.

Legen Sie eine 9 x 5 x 3 Zoll große Kastenform mit Frischhaltefolie aus und lassen Sie an allen Seiten genügend Überstand, um die Oberseite des Parfaits abzudecken und es leichter aus der Form herausnehmen zu können. Beiseite legen.

Um das Parfait zusammenzustellen, geben Sie die Sahne in die gekühlte Rührschüssel oder verwenden Sie einen Schneebesen in einer gekühlten, nicht reaktiven Schüssel. Schlagen Sie die Sahne bei mittlerer Geschwindigkeit oder mit der Hand auf, bis sich weiche Spitzen bilden. Mit einem Spatel den Zitronenquark unterheben, ohne ihn vollständig zu verrühren, bis die Masse streifig ist. Brechen Sie die Baiser in Stücke, deren Größe von großen Krümeln bis hin zu Walnusshälften reicht. Unter die Creme heben und vorsichtig umrühren, um sie zu verteilen.

Geben Sie die Mischung in die vorbereitete Pfanne, decken Sie sie mit Plastikfolie ab und lassen Sie sie vor dem Servieren mindestens 4 Stunden lang einfrieren.

In der Zwischenzeit die Erdbeeren in einer mittelgroßen Schüssel mit Zucker und Zitronensaft vermengen und 30 Minuten ruhen lassen, oder bis sich ein Sirup bildet. Die Minzblätter der Länge nach in dünne Streifen schneiden und mit den Beeren vermischen; Es sollte nur ein Hauch von Minze vorhanden sein, daher sollte die Menge minimal sein.

Zum Servieren das Parfait mithilfe der überstehenden Frischhaltefolie aus der Pfanne heben. Schneiden Sie das Parfait in 2,5 bis 3,5 cm dicke Scheiben und geben Sie die Beeren darüber.

67. Mit Schokolade gefüllte Zitronen-Mandel-Macarons

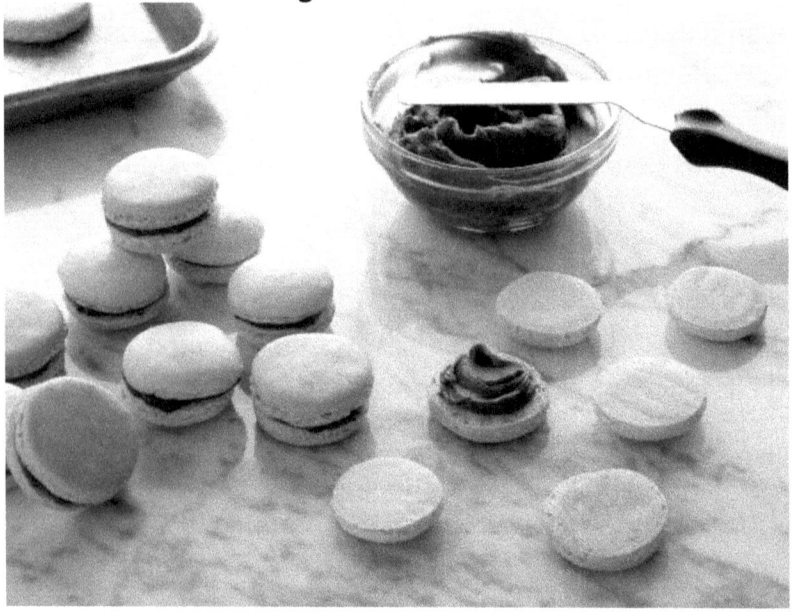

FÜR 2 DUTZEND MACARONS

1½ Tassen Puderzucker

1⅓ Tassen Mandelmehl

1 Esslöffel fein geriebene Zitronenschale

4 Eiweiß, zimmerwarm

Eine Prise Weinstein

¼ Tasse Kristallzucker

FÜR DIE FÜLLUNG:

½ Tasse plus 2 Esslöffel Sahne

2 Teelöffel grob gehackte Zitronenschale

Eine Prise koscheres Salz

6 Unzen bittersüße Schokolade, fein gehackt (ca. 1 Tasse)

1 Esslöffel ungesalzene Butter

2 Esslöffel frisch gepresster Zitronensaft

2 Backbleche mit Backpapier auslegen. In einer mittelgroßen Schüssel den Puderzucker, das Mehl und die Schale vermischen und beiseite stellen.

In der sauberen, trockenen Schüssel einer Küchenmaschine mit Schneebesenaufsatz oder einer sauberen, trockenen Schüssel, die mit einem elektrischen Handmixer verwendet werden kann, das Eiweiß bei mittlerer Geschwindigkeit schaumig schlagen. Den Weinstein dazugeben und weiter schlagen, bis das Eiweiß weiche Spitzen aufweist. Erhöhen Sie die Geschwindigkeit auf mittelhoch, fügen Sie langsam den Kristallzucker hinzu und schlagen Sie, bis das Eiweiß feste, glänzende Spitzen aufweist. Hören Sie auf, bevor sie steif und glänzend sind.

Sieben Sie ein Drittel der Mehlmischung über das Eiweiß und heben Sie es mit einem Spatel vorsichtig unter. Wiederholen Sie den Vorgang mit der Hälfte der restlichen Mehlmischung und vermischen Sie alles, bevor Sie die restliche Mehlmischung hinzufügen. Der Teig sollte locker sein, aber seine Form behalten.

Geben Sie den Teig in einen Spritzbeutel mit einer einfachen ½-Zoll-Spitze oder in einen Druckverschlussbeutel mit abgeschnittener Ecke. Halten Sie den Beutel senkrecht zu den vorbereiteten Backblechen und spritzen Sie kleine Hügel mit einem Durchmesser von etwa 2,5 cm und einer Höhe von etwa ¼ Zoll im Abstand von 2,5 cm auf. Lassen Sie den Teig 20 Minuten lang ruhen, oder bis sich die Macarons nicht mehr klebrig anfühlen. In der Zwischenzeit den Ofen auf 350 Grad F vorheizen.

Backen Sie die Macarons 12 bis 16 Minuten lang und drehen Sie dabei die Pfanne während des Backens einmal. Sie blähen sich auf, werden glänzend und fallen ganz leicht ab. Wenn sie fertig gebacken sind, sind sie trocken und ganz leicht braun. Stellen Sie die Formen auf einen Rost und lassen Sie die Kekse auf den Formen vollständig abkühlen, während Sie die Füllung zubereiten.

Für die Füllung die Sahne mit der Schale und dem Salz in einem kleinen Topf bei mittlerer Hitze bis knapp unter den Siedepunkt erhitzen. Geben Sie die Schokolade in eine kleine Schüssel und gießen Sie die heiße Sahne darüber. Lassen Sie es einige Minuten ruhen, um die Schokolade zu schmelzen, bevor Sie die Butter hinzufügen und rühren, bis eine glatte Masse entsteht. Den Zitronensaft einrühren.

Um die Kekse zusammenzusetzen, drehen Sie die Hälfte davon auf den Kopf. Benutzen Sie einen versetzten Spatel oder ein kleines Messer, um jede Hälfte mit etwa 2 Teelöffeln der Füllung zu bestreichen, sodass die Ränder unbedeckt bleiben. Die restlichen Kekse darauflegen und leicht zusammendrücken, damit sich die Füllung an den Rändern des Sandwichs verteilt.

68. Zitronen-Crinkle-Kekse

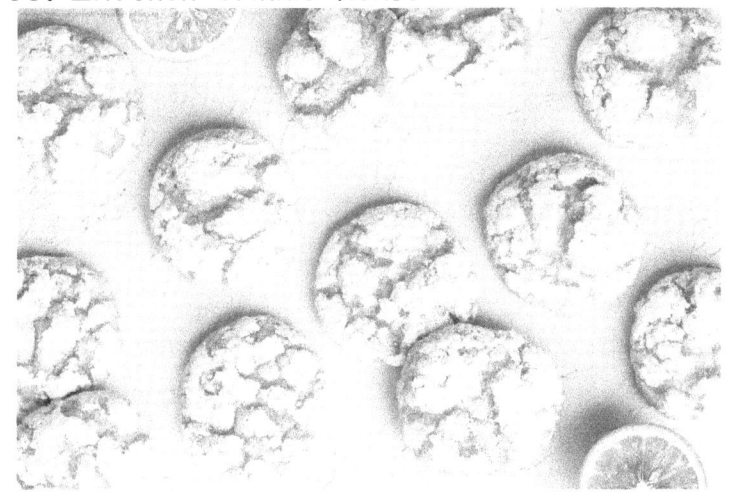

Ergibt 4 Dutzend Kekse

1½ Tassen ungebleichtes Allzweckmehl

¼ Tasse Maisstärke

1½ Teelöffel Backpulver

½ Teelöffel koscheres Salz

1 Tasse Kristallzucker

2 Esslöffel fein abgeriebene Zitronenschale (von 2 mittelgroßen Zitronen)

½ Tasse (1 Stück) ungesalzene Butter, bei Zimmertemperatur

2 Eier

¼ Teelöffel Zitronenextrakt (optional)

½ Tasse Puderzucker

2 Backbleche mit Backpapier auslegen. In einer kleinen Schüssel Mehl, Maisstärke, Backpulver und Salz verquirlen. Beiseite legen.

In der Schüssel einer Küchenmaschine mit Rühraufsatz oder einer Schüssel, die Sie mit einem Handmixer verwenden würden, Zucker und Schale vermischen. Reiben Sie die Schale mit den Fingern mit dem Zucker ein, bis sie sehr aromatisch ist. Die Butter dazugeben und bei mittlerer Geschwindigkeit gut verrühren. Kratzen Sie mit einem Spatel den Boden und die Seiten der Schüssel ab, erhöhen Sie dann die Geschwindigkeit auf mittelhoch und verrühren Sie, bis Butter und Zucker eine helle Farbe und eine lockere Konsistenz haben. Fügen Sie die Eier einzeln hinzu und vermischen Sie sie zwischen den Zugaben gut. Den Zitronenextrakt hinzufügen, gefolgt von den trockenen Zutaten. Bei niedriger Geschwindigkeit mixen, bis alles gut vermengt ist und keine mehligen Streifen entstehen.

Heizen Sie den Ofen auf 325 Grad F vor. Geben Sie den Puderzucker in eine flache, breite Schüssel oder einen Tortenteller. Nehmen Sie mit einem Esslöffel einen Löffel Teig in die Größe einer kleinen Kirschtomate. Bestäuben Sie Ihre Hände mit Puderzucker, formen Sie den Teig zu einer Kugel und rollen Sie die Kugel im Zucker, bis sie gut bedeckt ist. Legen Sie die Kugeln auf die vorbereiteten Backbleche und lassen Sie an allen Seiten 2,5 cm frei.

Backen Sie die Kekse 5 Minuten lang, drehen Sie die Pfanne und backen Sie sie weitere 5 bis 7 Minuten lang. Wenn sie fertig sind, werden die Kekse an den Rändern platziert und leicht aufgebläht. Die Zentren werden weich, aber nicht glänzend sein. Legen Sie die Backbleche zum Abkühlen 15 Minuten lang auf ein Gestell und schieben Sie dann die Kekse aus den Formen auf das Gestell, damit sie vollständig abkühlen.

69. Zitronen-Buttermilch-Panna Cotta mit Brombeeren

Ergibt 8 Portionen

ZUTATEN

2⅓ Tassen Sahne

1 Tasse Zucker, geteilt

2 Esslöffel Schale, mit einem Zester entfernt (von 2
  mittelgroßen Zitronen)

¼ Tasse leicht verpackte Zitronenverbeneblätter, plus 8 zum
Garnieren

1 Esslöffel plus 1 Teelöffel Gelatinepulver

1⅓ Tassen Buttermilch

4 Tassen frische Brombeeren (ca. 2 Pints)

1 Esslöffel frisch gepresster Zitronensaft

Bestreichen Sie 8 (6 Unzen) Auflaufförmchen oder Schüsseln
leicht mit einem geschmacksneutralen Öl wie Rapsöl und stellen
Sie es beiseite.

In einem großen Topf bei mittlerer Hitze die Sahne, eine halbe
Tasse plus 2 Esslöffel Zucker, die Schale und die
Zitronenverbene vermischen und rühren, bis sich der Zucker
aufgelöst hat. Nehmen Sie die Pfanne vom Herd, decken Sie sie
ab und lassen Sie die Sahne 30 Minuten lang ziehen, oder bis die
Zitronenaromen ausgeprägt sind. In einer kleinen Schüssel die
Gelatine in 1 Esslöffel kaltem Wasser etwa 5 Minuten lang
einweichen und dann in die warme Creme einrühren. Wenn sich
die Gelatine aufgelöst hat, die Buttermilch hinzufügen und gut
verrühren. Die Mischung durch ein feinmaschiges Sieb in einen
Behälter mit Ausgießer, beispielsweise einen großen
Messbecher, abseihen und in die vorbereiteten
Auflaufförmchen füllen. Decken Sie sie mit Plastikfolie ab und
stellen Sie sie mindestens 6 Stunden oder über Nacht in den
Kühlschrank, bis sie fest sind.

Vor dem Servieren die restlichen 6 Esslöffel Zucker mit 1 Tasse
Brombeeren in einen Mixer oder eine Küchenmaschine geben und
pürieren. Das Püree durch ein feinmaschiges Sieb passieren und

mit den restlichen Beeren und dem Zitronensaft vermischen, je nach Geschmack noch mehr Saft hinzufügen.

Zum Servieren die Auflaufförmchen aus der Form lösen, indem man mit einem dünnen Schälmesser über die Seiten fährt oder die Auflaufförmchen in warmes Wasser taucht, um die Panna Cotta zu lösen. Stellen Sie einen kleinen Teller oder eine Schüssel über die Auflaufförmchen, drehen Sie sie um und schütteln Sie sie kräftig, um sie zu lösen. Die Brombeeren und die Soße rund um den Boden der Panna Cotta verteilen. Die Oberseite mit einem Zitronenverbenenblatt garnieren. Zitronenverbene gibt es auf manchen Bauernmärkten, sie lässt sich aber auch einfach zu Hause in einem Topf anbauen. Ernten Sie im Herbst alle verbleibenden Blätter, um sie für den Tee zu trocknen. Zitronenthymian und Lavendel sind gute Ersatzstoffe, Sie können aber auch ganz auf den Kräuteranteil verzichten.

70. Affogato mit Limoncello-Eis

Ergibt 6 Portionen

ZUTATEN

2 Tassen Sahne

$\frac{3}{4}$ Tasse Vollmilch

$\frac{3}{4}$ Tasse Zucker, geteilt

$\frac{1}{2}$ Teelöffel koscheres Salz

Peel von 1 Zitrone

5 Eigelb

$\frac{1}{4}$ Tasse Mascarpone-Käse

$\frac{1}{2}$ Teelöffel Vanilleextrakt

$\frac{1}{3}$ Tasse Selbstgemachtes Limoncello oder im Laden gekauftes

6 Shots Espresso, bei Zimmertemperatur

6 Zitronenscheiben zum Garnieren

In einem mittelgroßen Topf bei mittlerer bis hoher Hitze Sahne und Milch mit einer halben Tasse Zucker, Salz und Zitronenschale zum Kochen bringen. Nehmen Sie die Pfanne vom Herd, decken Sie sie ab und stellen Sie sie 20 Minuten lang zum Ziehen beiseite.

In der Zwischenzeit in einer mittelgroßen, nicht reaktiven Schüssel das Eigelb mit der restlichen $\frac{1}{4}$ Tasse Zucker glatt rühren und beiseite stellen.

Bereiten Sie ein Eisbad für die Vanillesoße vor, indem Sie eine große Schüssel zur Hälfte mit Eis und kaltem Wasser füllen und in die Spüle stellen.

Wenn die Sahnemischung aufgegossen ist, stellen Sie sie bei mittlerer Hitze wieder auf den Herd, bis sie heiß ist, aber nicht kocht. Geben Sie langsam eine Kelle Sahne in die Eigelbmischung und rühren Sie dabei ständig um, bis eine glatte Masse entsteht (dies nennt man Temperieren des Eigelbs, eine Technik, die verwendet wird, um zu verhindern, dass es gerinnt, wenn es mit der heißen Milch vermischt wird). Wiederholen Sie den Vorgang noch einmal und gießen Sie dann die Eigelbmischung bei mittlerer bis niedriger Hitze zurück in den Topf. Rühren Sie die

Vanillesoße ständig mit einem Holzlöffel oder einem hitzebeständigen Spatel um und schaben Sie dabei den Boden ab, bis sie auf einem sofort ablesbaren Thermometer 170 Grad F erreicht und den Löffel oder Spatel bedeckt. Den Topf vom Herd nehmen und Mascarpone und Vanille unterrühren. Gießen Sie die Vanillesoße durch ein feinmaschiges Sieb in eine saubere, mittelgroße Schüssel. Stellen Sie die Schüssel zum Abkühlen in das vorbereitete Eisbad und stellen Sie sie in den Kühlschrank, bis sie vollständig kalt ist.

Wenn der Vanillepudding kalt ist, das Limoncello unterrühren und die Mischung gemäß den Anweisungen des Herstellers in einer Eismaschine einfrieren.

Zum Servieren eine Kugel Eis in einen Cocktailshaker oder ein Glasgefäß mit Deckel geben. Einen Schuss Espresso hinzufügen und kräftig schütteln. In ein Cocktailglas füllen und mit einer Zitronenscheibe garnieren. Wiederholen Sie dies für jede Portion.

71. Zitronen-Crème-Brûlée mit Lavendel und Honig

Ergibt 6 Portionen

ZUTATEN

2 Tassen Sahne

2 Esslöffel Honig

3 Esslöffel grob gehackte Zitronenschale (von 3 mittelgroßen Zitronen)

2 Esslöffel frische Lavendelblüten (oder 4 Teelöffel getrocknet)

$\frac{1}{8}$ Teelöffel Salz

3 Eigelb

1 Ei

$\frac{1}{4}$ Tasse Kristallzucker, plus etwas Zucker zum Karamellisieren

1 Teelöffel Vanilleextrakt

Heizen Sie den Ofen auf 300 Grad F vor.

In einem schweren Topf Sahne, Honig, Zitronenschale, Lavendel und Salz vermischen. Die Mischung bei mittlerer Hitze leicht köcheln lassen, abdecken und vom Herd nehmen. 10 Minuten ziehen lassen und die Sahne abschmecken, um festzustellen, ob der Zitronen- und Lavendelgeschmack ausgewogen ist und Ihrem Geschmack entspricht. Anschließend die Mischung abseihen, Schale und Lavendel entfernen und die Sahne zurück in den Topf geben. Wenn die Sahne vollständig abgekühlt ist, erwärmen Sie sie bei mittlerer Hitze, bis sie heiß, aber nicht kocht.

In der Zwischenzeit in einer mittelgroßen Schüssel das Eigelb und das Ei mit dem Zucker verquirlen, bis eine glatte Masse entsteht. Geben Sie langsam etwas von der warmen Sahne zum Eigelb, etwa eine halbe Tasse auf einmal, und rühren Sie dabei ständig um, damit die Eier nicht gerinnen. Nachdem Sie 1 Tasse Sahne hinzugefügt haben, gießen Sie die temperierte Eigelbmischung mit der restlichen Sahne zurück in die Pfanne. Fügen Sie die Vanille hinzu und seihen Sie die Mischung in einen anderen Behälter, um sie in einem Eisbad abzukühlen und später zu backen, oder teilen Sie sie auf 6 (4 Unzen) Auflaufförmchen oder Puddingbecher aus Glas auf.

Ordnen Sie die Förmchen in einer tiefen Backform an und füllen Sie die Pfanne mit so viel heißem Wasser, dass es bis zur Hälfte des Randes der Förmchen reicht. Stellen Sie die Backform in den Ofen und backen Sie etwa 40 Minuten lang, bis die Vanillesoße an den Rändern fest ist und in der Mitte leicht wackelt. Nehmen Sie die Pfanne aus dem Ofen und lassen Sie die Vanillepuddings abkühlen, bevor Sie sie mit Plastikfolie abdecken. Zum vollständigen Abkühlen im Kühlschrank aufbewahren, 3 Stunden bis über Nacht.

Kurz vor dem Servieren die Oberseite jedes Puddings mit einer dünnen, gleichmäßigen Schicht Zucker bestreuen. Stellen Sie die Schalen für 2 bis 3 Minuten oder bis der Zucker schmilzt unter einen vorgeheizten Grill oder karamellisieren Sie den Zucker mit einem Handbrenner.

72. Geröstete Kokos-Zitronen-Torte

Ergibt eine 10-Zoll-Tarte
ZUTATEN
FÜR DIE KRUSTE:
1¼ Tassen ungebleichtes Allzweckmehl
½ Tasse Puderzucker
2 Esslöffel Maisstärke
¼ Teelöffel koscheres Salz
10 Esslöffel (1¼ Stangen) ungesalzene Butter, kalt, in kleine
Stücke geschnitten
¼ Teelöffel Vanilleextrakt
FÜR DIE FÜLLUNG:
1 eine Tasse Zucker
2 Esslöffel fein gehackte Zitronenschale (von 2 mittelgroßen
   Zitronen)
2 Esslöffel Maisstärke
½ Teelöffel koscheres Salz
2 Eier
2 Eigelb
¼ Tasse (½ Stange) ungesalzene Butter, geschmolzen und
abgekühlt
3 Esslöffel frisch gepresster Zitronensaft
1½ Tassen leicht verpackte, ungesüßte, getrocknete
Kokosflocken (auch Kokoschips genannt)
Für die Kruste Mehl, Puderzucker, Maisstärke und Salz in der
Schüssel einer Küchenmaschine mit Rühraufsatz vermischen. Die
Butter auf einmal hinzufügen und bei niedriger Geschwindigkeit
verrühren, bis sich die Zutaten zu einem zusammenhängenden
Teig verbinden. Dies wird einige Zeit in Anspruch nehmen,
nämlich 7 bis 10 Minuten. Kurz bevor der Teig aussieht, als wäre
er bereit, eine Kugel zu formen, die Vanille hinzufügen und
vermischen. Formen Sie die Teigkugel zu einer Scheibe, wickeln

Sie sie in Plastikfolie ein und stellen Sie sie etwa 2 Stunden lang in den Kühlschrank, bis sie fest ist.

Rollen Sie den Teig auf einer leicht bemehlten Oberfläche aus, sodass ein Kreis von 12 bis 13 Zoll entsteht. Geben Sie den Teig in eine 25 cm große, geriffelte Tarteform, stechen Sie den Teig rundherum mit einer Gabel ein und lassen Sie ihn 30 Minuten lang einfrieren. Während der Teig gefriert, heizen Sie den Ofen auf 350 Grad F vor und stellen Sie einen Rost in das untere Drittel des Ofens.

Den gefrorenen Boden auf ein Backblech legen und ohne Deckel etwa 15 Minuten backen. (Es ist nicht nötig, die Kruste abzudecken oder Kuchengewichte zu verwenden.) Die Form drehen und weitere 10 Minuten backen, oder bis die Kruste leicht golden ist. Legen Sie das Backblech auf einen Rost, um die Kruste abzukühlen, und reduzieren Sie die Ofentemperatur auf 325 Grad F.

Während die Kruste abkühlt, bereiten Sie die Füllung vor. Kombinieren Sie in einer mittelgroßen Schüssel den Zucker und die Schale und reiben Sie beides mit den Fingern aneinander, bis der Zucker duftet. Maisstärke und Salz einrühren. In einer separaten, kleineren Schüssel die Eier mit dem Eigelb verquirlen und dann Butter und Zitronensaft unterrühren. Die Ei-Butter-Mischung mit der Zuckermischung verquirlen und kräftig verrühren. Kokosnuss unterrühren.

Gießen Sie die Mischung in die abgekühlte Kruste. 20 Minuten auf der untersten Schiene backen, dabei die Pfanne drehen und die Kokosnuss im Auge behalten; Wenn es zu dunkel wird, decken Sie die Oberseite locker mit einem Stück Aluminiumfolie ab. Weitere 20 Minuten backen oder bis die Füllung an den Rändern fest wird und in der Mitte leicht wackelt. Vor dem Servieren auf Raumtemperatur abkühlen lassen.

73. Meyer-Zitronen-Mandarine-Olivenöl-Kuchen

Ergibt einen 10-Zoll-Kuchen

ZUTATEN

$3\frac{1}{2}$ Tassen Zucker, geteilt

2 Meyer-Zitronen, vorzugsweise Bio

2 kleine Mandarinen

$1\frac{2}{3}$Tassen ungebleichtes Allzweckmehl

1 Tasse Polenta oder mittelgemahlenes Maismehl

1 Esslöffel Backpulver

$\frac{1}{2}$ Teelöffel koscheres Salz

4 Eier

$\frac{2}{3}$ Tasse natives Olivenöl extra

Leicht gesüßte Schlagsahne zum Servieren

In einem mittelgroßen Topf 2 Tassen Zucker mit 2 Tassen Wasser vermischen. Bringen Sie die Mischung bei mittlerer bis hoher Hitze zum Kochen. Sobald sich der Zucker aufgelöst hat, Zitronen und Mandarinen hinzufügen. (Die Früchte sollten zu zwei Dritteln in den einfachen Sirup eingetaucht sein. Ist dies nicht der Fall, fügen Sie mehr Wasser hinzu.) Reduzieren Sie die Hitze auf köcheln, decken Sie die Pfanne ab und pochieren Sie die Früchte vorsichtig, bis sie sehr zart sind (ca. 20 bis 20 °C). 30 Minuten. Übertragen Sie sie zum Abkühlen auf einen Teller.

Heizen Sie den Ofen auf 350 Grad F vor und ölen Sie eine 10-Zoll-Kuchenform leicht ein. Den Boden mit Backpapier auslegen und beiseite stellen.

Wenn die Früchte abgekühlt sind, schneiden Sie die Enden ab und vierteln Sie sie. Entfernen Sie alle Kerne oder großen Membranstücke, geben Sie das Fruchtfleisch in die Schüssel einer Küchenmaschine und verarbeiten Sie es, bis es einigermaßen glatt ist. Sie sollten etwa $1\frac{1}{4}$ Tassen Püree haben. Beiseite legen.

In einer kleinen Schüssel Mehl, Polenta, Backpulver und Salz verrühren und beiseite stellen.

Geben Sie die Eier in die Schüssel einer Küchenmaschine mit Schneebesenaufsatz oder schlagen Sie die Eier mit einem Handmixer bei hoher Geschwindigkeit auf, bis sie schaumig sind und eine hellere Farbe haben (ca. 2 Minuten). Geben Sie bei laufendem Mixer langsam die restlichen 1½ Tassen Zucker hinzu und schlagen Sie weiter auf hoher Geschwindigkeit, bis die Mischung dick und cremeweiß ist (ca. 4 Minuten). Reduzieren Sie die Geschwindigkeit auf mittlere Stufe und träufeln Sie das Öl hinein. Die pürierten Früchte dazugeben und vermischen. Nehmen Sie die Rührschüssel heraus und heben Sie ein Drittel der Mehlmischung unter. Wenn der Teig glatt ist, das restliche Mehl hinzufügen. Den Teig in die vorbereitete Form füllen und mit einem Spatel glatt streichen.

50 bis 60 Minuten backen, bis der Kuchen dunkelgoldbraun ist und nach leichtem Druck in der Mitte zurückspringt. Lassen Sie es 15 Minuten lang auf einem Gitter abkühlen, bevor Sie es aus der Pfanne nehmen. Lassen Sie es vollständig abkühlen, bevor Sie es in Scheiben schneiden und mit einem Klecks leicht gesüßter Schlagsahne servieren.

74. Zitronen-Baiser-Pistazien-Torte

Ergibt 1 (25 cm) Kuchen; FÜR 8 BIS 10 PERSONEN

Zutaten

- 1 Portion Pistazien-Crunch
- 15 g weiße Schokolade, geschmolzen [½ Unze]
- ¼ Portion Lemon Curd [305 g (1⅓ Tassen)]
- 200 g Zucker [1 Tasse]
- 100 g Wasser [½ Tasse]
- 3 Eiweiß
- ⅓ Portion Lemon Curd [155 g (¼ Tasse)]

Richtungen

a) Den Pistazien-Crunch in eine 25 cm große Kuchenform füllen. Drücken Sie den Crunch mit den Fingern und Handflächen fest in die Kuchenform und achten Sie darauf, dass der Boden und die Seiten gleichmäßig bedeckt sind. Während der Füllung beiseite stellen; In Plastik eingewickelt kann die Kruste bis zu 2 Wochen im Kühlschrank aufbewahrt werden.

b) Tragen Sie mit einem Backpinsel eine dünne Schicht weißer Schokolade auf den Boden und die Seiten der Kruste auf. Legen Sie die Kruste für 10 Minuten in den Gefrierschrank, damit die Schokolade fest wird.

c) Geben Sie 305 g (1⅓ Tassen) Lemon Curd in eine kleine Schüssel und rühren Sie um, um es etwas aufzulockern. Kratzen Sie den Zitronenquark zu einer Kruste und verteilen Sie ihn mit der Rückseite eines Löffels oder Spatels in einer gleichmäßigen Schicht. Legen Sie den Kuchen etwa 10 Minuten lang in den Gefrierschrank, damit die Zitronenquarkschicht fester wird.

d) In der Zwischenzeit den Zucker und das Wasser in einem kleinen Topf mit starkem Boden vermischen und den Zucker vorsichtig im Wasser verrühren, bis er sich wie nasser Sand anfühlt. Stellen Sie den Topf auf mittlere Hitze und erhitzen Sie die Mischung auf 115 °C (239 °F). Beobachten Sie dabei die Temperatur mit einem Schnellanzeige- oder Zuckerthermometer.

e) Während der Zucker erhitzt wird, geben Sie das Eiweiß in die Schüssel einer Küchenmaschine und schlagen Sie es mit dem Schneebesenaufsatz zu mittelweichen Spitzen auf.

f) Sobald der Zuckersirup 115 °C (239 °F) erreicht hat, nehmen Sie ihn vom Herd und gießen Sie ihn vorsichtig in das aufgeschlagene Eiweiß. Vermeiden Sie dabei den Schneebesen: Drehen Sie den Mixer vorher auf eine sehr niedrige Geschwindigkeit, es sei denn, Sie möchten interessante Brandflecken im Gesicht haben.

g) Sobald der gesamte Zucker erfolgreich zum Eiweiß hinzugefügt wurde, erhöhen Sie die Geschwindigkeit des Mixers wieder und lassen Sie das Baiser schlagen, bis es auf Raumtemperatur abgekühlt ist.

h) Während das Baiser aufschlägt, geben Sie 155 g ($\frac{1}{4}$ Tasse) Lemon Curd in eine große Schüssel und rühren Sie mit einem Spatel um, um es etwas aufzulockern.

i) Wenn das Baiser auf Raumtemperatur abgekühlt ist, schalten Sie den Mixer aus, nehmen Sie die Schüssel heraus und heben Sie das Baiser mit dem Spatel unter den Zitronenquark, bis keine weißen Streifen mehr vorhanden sind. Achten Sie dabei darauf, dass das Baiser nicht Luft verliert.

j) Nehmen Sie den Kuchen aus dem Gefrierschrank und geben Sie das Zitronenbaiser auf den Lemon Curd. Mit einem Löffel das Baiser gleichmäßig verteilen und den Lemon Curd vollständig bedecken.

k) Servieren Sie den Kuchen oder bewahren Sie ihn bis zur Verwendung im Gefrierschrank auf. Wenn es fest gefroren ist, ist es fest in Plastikfolie eingewickelt und bis zu 3 Wochen im Gefrierschrank haltbar. Lassen Sie den Kuchen vor dem Servieren über Nacht im Kühlschrank oder mindestens 3 Stunden bei Zimmertemperatur auftauen.

75. Pistazien-Torte

Ergibt 1 (6 Zoll) Schichtkuchen, 5 bis 6 Zoll hoch; FÜR 6 BIS 8 PERSONEN

Zutaten

- 1 Portion Pistazienkuchen
- 65 g Pistazienöl [⅓ Tasse]
- 1 Portion Lemon Curd
- ½ Portion Milchkrümel
- 1 Portion Pistazien-Zuckerguss

Richtungen

a) Legen Sie ein Stück Pergament oder ein Silpat auf die Arbeitsfläche. Drehen Sie den Kuchen um und ziehen Sie das Pergament oder Silpat von der Unterseite des Kuchens ab. Mit dem Tortenring 2 Kreise aus der Torte ausstechen. Dies sind die beiden besten Kuchenschichten. Der verbleibende Kuchenrest bildet zusammen die untere Schicht des Kuchens.

Schicht 1, die Unterseite

b) Reinigen Sie den Tortenring und legen Sie ihn in die Mitte eines mit sauberem Pergament oder Silpat ausgelegten Blechs. Verwenden Sie 1 Streifen Acetat, um die Innenseite des Tortenrings auszukleiden.

c) Legen Sie die Kuchenreste in den Ring und drücken Sie sie mit dem Handrücken zu einer flachen, gleichmäßigen Schicht zusammen.

d) Tauchen Sie einen Backpinsel in das Pistazienöl und baden Sie die Kuchenschicht gut und gesund mit der Hälfte des Öls.

e) Mit der Rückseite eines Löffels die Hälfte des Zitronenquarks gleichmäßig auf dem Kuchen verteilen.

f) Streuen Sie ein Drittel der Milchkrümel gleichmäßig über den Zitronenquark. Verankern Sie sie mit Ihrem Handrücken.

g) Mit der Rückseite eines Löffels ein Drittel des Pistaziengusses möglichst gleichmäßig auf den Krümeln verteilen.

Schicht 2, Die Mitte

h) Schieben Sie mit Ihrem Zeigefinger den zweiten Acetatstreifen vorsichtig zwischen den Tortenring und den oberen $\frac{1}{4}$ Zoll des ersten Acetatstreifens, sodass Sie einen durchsichtigen Acetatring von 5 bis 6 Zoll Höhe haben – hoch genug, um ihn zu tragen Höhe des fertigen Kuchens. Legen Sie einen runden Kuchen auf die Glasur und wiederholen Sie den Vorgang für Schicht 1.

Schicht 3, die Oberseite

i) Den restlichen Kuchenring in die Glasur einbetten. Decken Sie die Oberseite des Kuchens mit dem restlichen Zuckerguss ab. Geben Sie ihm Volumen und Wirbel, oder machen Sie es wie wir und entscheiden Sie sich für eine perfekt flache Oberseite. Den Zuckerguss mit den restlichen Milchbröseln garnieren.

j) Stellen Sie das Backblech in den Gefrierschrank und lassen Sie es mindestens 12 Stunden lang einfrieren, damit der Kuchen und die Füllung fest werden. Im Gefrierschrank bleibt der Kuchen bis zu 2 Wochen haltbar.

k) Ziehen Sie mindestens 3 Stunden vor dem Servieren des Kuchens das Blech aus dem Gefrierschrank und heben Sie den Kuchen mit den Fingern und Daumen aus dem Tortenring. Ziehen Sie das Acetat vorsichtig ab und legen Sie den Kuchen auf eine Platte oder einen Tortenständer.

Lassen Sie es mindestens 3 Stunden lang im Kühlschrank auftauen.

76. Artischockentarte

Ergiebigkeit: 8 Portionen

Zutaten

- 1 blind gebackener Tortenboden in einer 10er-Flöte; D
- 1 Tarteform
- 2 Esslöffel Olivenöl
- 1 Unze Pancetta; Julienne
- ½ Tasse gehackte Zwiebel
- 2 Esslöffel gehackte Schalotten
- 6 Unzen julienierte Artischockenherzen
- 1 Esslöffel gehackter Knoblauch
- ¼ Tasse Sahne -; (bis 1/2 Tasse)
- 3 Esslöffel Chiffonade aus frischem Basilikum
- 1 Saft einer Zitrone
- ½ Tasse geriebener Parmigiano-Reggiano-Käse
- ½ Tasse geriebener Asiago-Käse
- 1 Salz; schmecken
- 1 frisch gemahlener schwarzer Pfeffer; schmecken
- 1 Tasse Kräuter-Tomatensauce; warm
- 1 Esslöffel Chiffonade-Basilikum
- 2 Esslöffel geriebener Parmesankäse

Richtungen

a) Den Backofen auf 350 Grad vorheizen. In einer Bratpfanne das Olivenöl erhitzen.

b) Den Pancetta 1 Minute lang anbraten. Zwiebeln und Schalotten dazugeben und 2 bis 3 Minuten anbraten. Die Herzen und den Knoblauch dazugeben und weitere 2 Minuten anbraten. Sahne hinzufügen. Mit Salz und Pfeffer würzen. Basilikum und Zitronensaft unterrühren. Vom Herd nehmen und abkühlen lassen. Die Artischockenmischung auf dem Boden der Tarteform verteilen. Den Käse über die Mischung streuen. 15 bis 20 Minuten backen oder bis der Käse geschmolzen und goldbraun ist. Etwas Sauce in die Mitte des Tellers geben. Eine Scheibe Tarte in die Mitte der Soße legen.

c) Mit geriebenem Käse und Basilikum garnieren.

77. Blaubeer-Buttermilch-Tarte

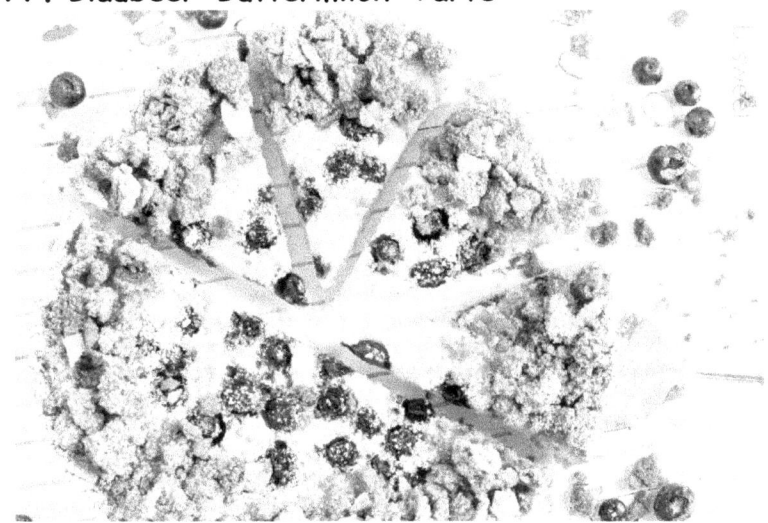

Ergiebigkeit: 1 Portionen

Zutaten
Hülse
- $1\frac{1}{2}$ Tasse Allzweckmehl
- $\frac{1}{4}$ Tasse Zucker
- $\frac{1}{4}$ Teelöffel Salz
- $\frac{1}{4}$ Pfund kalte Butter; Stücke schneiden
- 1 großes Ei; schlagen mit
- 2 Esslöffel Eiswasser
- Roher Reis; für Wiegeschale

Buttermilchfüllung
- 1 Tasse Buttermilch
- 3 große Eigelb
- $\frac{1}{2}$ Tasse) Zucker
- 1 Esslöffel Zitronenschale; Gitter
- 1 Esslöffel frischer Zitronensaft
- $\frac{1}{2}$ Stange ungesalzene Butter; schmelzen, abkühlen lassen ☐ 1 Teelöffel Vanille
- $\frac{1}{2}$ Teelöffel Salz
- 2 Esslöffel Allzweckmehl
- 2 Tassen Blaubeeren; abholen
- Puderzucker

Richtungen
HÜLSE
f) In einer Schüssel Mehl, Zucker und Salz verrühren. Butter hinzufügen und mixen, bis die Mischung einer grobkörnigen Mahlzeit ähnelt. Fügen Sie die Eigelbmischung hinzu, rühren Sie, bis die Flüssigkeit eingearbeitet ist, und formen Sie den Teig zu einer Scheibe. Den Teig mit Mehl bestäuben und in Frischhaltefolie eingewickelt 1 Stunde kalt stellen. Rollen Sie den Teig auf einer bemehlten Oberfläche $\frac{1}{8}$" dick aus

und geben Sie ihn in eine 10"-Tarteform mit abnehmbarem Rillenrand.

g) Die Schale mindestens 30 Minuten oder abgedeckt über Nacht kalt stellen.
Backofen auf 350°C vorheizen. Schale mit Folie auslegen und mit Reis füllen. Die Schale in der Mitte des Ofens 25 Minuten backen. Entfernen Sie vorsichtig Folie und Reis und backen Sie die Schale weitere 5 Minuten oder bis sie hellgolden sind. Die Schale in der Pfanne auf einem Rost abkühlen lassen.

FÜLLUNG

h) Füllen Sie die Zutaten in einem Mixer oder Mixer zu einer glatten Masse. Die Blaubeeren gleichmäßig auf dem Boden der Schale verteilen. Gießen Sie die Buttermilchfüllung über die Blaubeeren und backen Sie sie in der Mitte des Ofens 30 bis 35 Minuten lang oder bis sie gerade fest sind.

i) Den Rand der Form entfernen und die Tarte in der Form auf dem Rost vollständig abkühlen lassen. Puderzucker über die Torte sieben und bei Zimmertemperatur oder gekühlt mit Blaubeereis servieren.

78. Griechischer Salat mit Hirse und Hühnchen

ZUTATEN

Für den Salat

2 Esslöffel (30 ml) Pflanzen- oder Olivenöl 1/2 Tasse (80 g) sehr fein gehackte Zwiebel

1 rote Paprika, entkernt, entkernt und sehr fein gehackt

1 Tasse (175 g) Hirse, gut abgespült und abgetropft, 1/2 Teelöffel koscheres oder feines Meersalz

1/2 Teelöffel frisch gemahlener schwarzer Pfeffer, 1 Teelöffel getrockneter Oregano, 1 Tasse (235 ml) Wasser

3/4 Tasse (180 ml) Hühnerbrühe oder Wasser

11/2 Tassen (60 g) Babyspinatblätter, sehr gut abgespült und trocken geschüttelt

1 kleine Gurke, geschält und fein gehackt

1/3 Tasse (35 g) gehackte Oliven, vorzugsweise Kalamata

1/3 Tasse (50 g) geviertelte Kirschtomaten

1/2 kleine rote Zwiebel, sehr dünn geschnitten

11/2 Tassen (210 g) gekochtes Hähnchen, in kleine Würfel geschnitten oder zerkleinert, bei Zimmertemperatur

Für das Dressing

1/3 Tasse (80 ml) natives Olivenöl extra

2 Esslöffel (30 ml) frisch gepresster Zitronensaft

1 bis 2 Esslöffel (15 bis 30 ml) Rotweinessig nach Geschmack

1/2 Teelöffel koscheres oder feines Meersalz

1/4 Teelöffel frisch gemahlener schwarzer Pfeffer

Zum Garnieren

2 Esslöffel (6 g) fein gehackte frische Petersilie

1/4 Tasse (38 g) zerbröselter Feta-Käse (optional)

METHODE

1.   Drücken Sie Sauté und erhitzen Sie das Pflanzenöl im Innentopf Ihres elektrischen Schnellkochtopfs. Wenn es schimmert, fügen Sie die gehackte Zwiebel und die Paprika

hinzu und kochen Sie es unter Rühren 4 Minuten lang oder bis die Zwiebel leicht weich ist. Fügen Sie die Hirse hinzu. Mit Salz, Pfeffer und Oregano bestreuen, dann Wasser und Brühe hineingießen und umrühren, um sicherzustellen, dass nichts am Topfboden festklebt. Drücken Sie Abbrechen.

2.   Schließen und verriegeln Sie den Deckel und achten Sie darauf, dass sich der Dampfablassgriff in der Verschlussposition befindet. 9 Minuten bei hohem Druck kochen. Wenn es fertig ist, lassen Sie den Druck auf natürliche Weise ab

Lassen Sie es ca. 8 Minuten lang stehen, drehen Sie dann den Dampfablassgriff auf „Entlüften" und lassen Sie den restlichen Dampf ab. Entriegeln Sie den Deckel und öffnen Sie ihn vorsichtig.

3.   Nehmen Sie den Deckel ab, harken Sie die Körner mit einer Gabel und geben Sie sie in eine große Schüssel. Geben Sie den Spinat in die Schüssel, rühren Sie ihn unter die Hirse und lassen Sie das Grün im Dampf zusammenfallen. Zum Abkühlen auf Zimmertemperatur beiseite stellen und gelegentlich mit Gabeln umrühren, damit die Hirse nicht verklumpt. Nach dem Abkühlen Gurke, Oliven, Tomaten, rote Zwiebeln und Hühnchen unterrühren.

Ergiebigkeit: Etwa 4 Portionen

79. Quinoa-Gemüsesalat mit Zitronenvinaigrette

ZUTATEN

Für die Quinoa

1 Tasse Gemüsebrühe oder Wasser 1/4 Tasse (60 ml) Wasser

1 Tasse (175 g) Quinoa, sehr gut abgespült und abgetropft

1 Teelöffel koscheres oder feines Meersalz Für die
  Zitronenvinaigrette

2 Esslöffel (30 ml) frisch gepresster Zitronensaft 1/4 Tasse
  (60 ml) natives Olivenöl extra 1 Teelöffel Honig (oder nach
  Geschmack)

1/2 Teelöffel frische Thymianblätter 1/4 Teelöffel koscheres
oder feines Meersalz

1/8 Teelöffel frisch gemahlener schwarzer Pfeffer

Für das Gemüse

1 Esslöffel (15 ml) Oliven- oder Pflanzenöl

2 große Karotten, geputzt und fein gehackt

2 Stangen Sellerie, geputzt und fein gehackt

1 große rote Paprika, entkernt, entkernt und fein gehackt

2 Esslöffel (20 g) gehackte rote Zwiebel

1 Tasse (150 g) Kirschtomaten, geviertelt

1 mittelgroße Gurke, geschält, entkernt und fein gehackt

2 Frühlingszwiebeln, geputzt und in dünne Scheiben geschnitten

2 Teelöffel (1 g) frische Thymianblätter

METHODE

ANDENHIRSE

Geben Sie Brühe, Wasser, Quinoa und Salz in den Innentopf
Ihres elektrischen Schnellkochtopfs. Umrühren und den Deckel
auf den Topf legen. Verriegeln Sie den Deckel und stellen Sie
sicher, dass sich der Dampfablassgriff in der Verschlussposition
befindet. 4 Minuten bei hohem Druck kochen. Wenn die Quinoa
fertig ist, lassen Sie den Druck 12 Minuten lang auf natürliche
Weise ablassen und drehen Sie dann den Dampfablassgriff auf

„Entlüften", um den restlichen Dampf abzulassen. Entriegeln Sie den Deckel und öffnen Sie ihn vorsichtig.

Den Quinoa in eine Schüssel geben und beiseite stellen. Wischen Sie den Topf aus und stellen Sie ihn wieder in den Schnellkochtopf.

VINAIGRETTE

Während die Quinoa kocht, bereiten Sie die Vinaigrette zu. In einer Schüssel oder einem Glas mit festem Deckel die Zutaten für das Dressing verrühren, bis eine Emulgierung entsteht. Wenn Sie ein Glas verwenden, können Sie es kräftig schütteln, um es zu vermischen. Abschmecken und die Gewürze je nach Bedarf anpassen.

GEMÜSE

Drücken Sie Sauté und erhitzen Sie das Öl im Innentopf. Fügen Sie die Karotten, den Sellerie, die Paprika und die Zwiebel hinzu und kochen Sie sie unter häufigem Rühren etwa 3 Minuten lang, bis die Zwiebel weich ist. Drücken Sie Abbrechen.

Das sautierte Gemüse zum gekochten Quinoa geben. Tomaten, Gurken und Frühlingszwiebeln unterrühren. Den Thymian darüber streuen. Den Salat mit etwa 3 Esslöffeln (45 ml) der Vinaigrette anrichten und vermengen, sodass die Körner und das Gemüse bedeckt sind. Abschmecken und die Gewürze anpassen, bei Bedarf noch mehr Vinaigrette hinzufügen.

Den Salat in den Kühlschrank stellen und bis zum Servieren kalt stellen. Die Aromen vermischen sich, während es ruht. Vor dem Servieren noch einmal umrühren. Kann kühl oder bei Zimmertemperatur serviert werden.

80. Safranrisotto

ZUTATEN

1/2 Teelöffel Safranfäden

3 Esslöffel (45 ml) kochendes Wasser

1 Esslöffel (15 ml) Oliven- oder Pflanzenöl 1/2 mittelgroße Zwiebel, fein gehackt

1 Knoblauchzehe, gehackt

11/2 Tassen (285 g) Arborio- oder Carnaroli-Reis (nicht durch eine andere Reissorte ersetzen)

2 Esslöffel (30 ml) trockener Weißwein (optional)

13/4 Tassen (415 ml) Wasser

2 Tassen (470 ml) Gemüsebrühe aufgeteilt

1/2 Teelöffel koscheres oder feines Meersalz

1/4 Teelöffel frisch gemahlener schwarzer Pfeffer

2 Esslöffel (28 g) ungesalzene Butter oder eine milchfreie/vegane Alternative wie Earth Balance

1 Teelöffel frisch geriebene Zitronenschale (optional)

1 Tasse (150 g) gefrorene Erbsen

Geriebener Parmesankäse (optional, weglassen für milchfreie und vegane Käse)

RICHTUNGEN

Den Safran in einer kleinen Schüssel im heißen Wasser einweichen.

Drücken Sie Sauté, um den Innentopf Ihres Schnellkochtopfs zu erhitzen.

Das Öl dazugeben und erhitzen, bis es schimmert, dann die Zwiebel und den Knoblauch unterrühren. Unter häufigem Rühren kochen, bis die Zwiebel leicht weich ist, etwa 4 Minuten. Den Reis dazugeben und umrühren, bis alle Körner mit dem Öl bedeckt sind. Den Wein hinzufügen und kochen, bis er absorbiert ist. Das Wasser, 11/2 Tassen (355 ml) Brühe, den Safran mit dem Einweichwasser sowie Salz und Pfeffer einrühren. Umrühren, um sicherzustellen, dass keine gebräunten Stücke am Topfboden kleben bleiben. Drücken Sie Abbrechen.

Schließen und verriegeln Sie den Deckel und achten Sie darauf, dass sich der Griff in der Verschlussposition befindet. 4 Minuten bei hohem Druck kochen. Wenn es fertig ist, lassen Sie den Druck 8 Minuten lang auf natürliche Weise ab, drehen Sie dann den Knopf in die Entlüftungsposition und lassen Sie den verbleibenden Druck schnell ab. Entriegeln Sie den Deckel und öffnen Sie ihn vorsichtig.

Den Reis glatt rühren und die gesamte Flüssigkeit einarbeiten. Die Butter einrühren, bis sie geschmolzen ist und der Reis cremig ist. Zitronenschale und Erbsen unterrühren. Setzen Sie den Deckel wieder auf und lassen Sie die Erbsen 3 Minuten lang dämpfen. Abschmecken und bei Bedarf mit mehr Salz oder Pfeffer nachwürzen. Den Reis umrühren, um die Erbsen gleichmäßig zu verteilen. Wenn Sie eine cremigere, lockerere Konsistenz wünschen, rühren Sie die restliche halbe Tasse (120 ml) Brühe ein.

In Schüsseln füllen, je nach Wunsch mit etwas Parmesankäse bestreuen und servieren.

Ergiebigkeit: 4 Portionen

81. Garnelen und Nudeln in Zitronen-Sahnesauce

ZUTATEN

Für die Pasta
- 12 Unzen (340 g) Penne-Nudeln
- 1 Teelöffel koscheres oder feines Meersalz Olivenöl zum Mischen

Für die Garnelen
- 1 Esslöffel (15 ml) Oliven- oder Pflanzenöl
- 1 mittelgroße Schalotte, gehackt
- 11/2 Pfund (680 g) rohe mittelgroße Garnelen, geschält und entdarmt
- 1/2 Teelöffel gehackter frischer Dill
- Koscheres oder feines Meersalz und frisch gemahlener schwarzer Pfeffer nach Geschmack

Für die Zitronen-Sahnesauce
- 3 Esslöffel (42 g) ungesalzene Butter
- 11/2 Tassen (355 ml) Sahne oder Kondensmilch
- 11/2 Knoblauchzehen, geschält
- 2 Teelöffel (10 ml) frisch gepresster Zitronensaft
- 2 Teelöffel (4 g) fein geriebene Zitronenschale
- 11/4 Tassen (125 g) geriebener Parmesankäse, geteilt ⬜ Salz und frisch gemahlener schwarzer Pfeffer nach Geschmack
- Fein gehackte frische italienische Petersilie oder Schnittlauch zum Garnieren

METHODE

Pasta

1. Geben Sie die Nudeln in den Innentopf Ihres Schnellkochtopfs. Gießen Sie so viel Wasser hinzu, dass die Nudeln 2,5 cm bedeckt sind. Rühren Sie die Nudeln um, um sicherzustellen, dass sie nicht am Boden der Pfanne kleben bleiben. Streuen Sie das Salz ins Wasser. Schließen und

verriegeln Sie den Deckel und achten Sie darauf, dass sich der Dampfablassgriff in der Verschlussposition befindet. 2 Minuten bei hohem Druck kochen.

2.　　Wenn Sie fertig sind, lassen Sie den Druck 3 Minuten lang auf natürliche Weise ab und führen Sie dann eine kontrollierte Entlüftung durch, indem Sie den Dampfablassgriff auf halbem Weg zwischen Versiegelungs- und Entlüftungsposition drehen. Schützen Sie Ihre Hand mit einem heißen Pad. Wenn der gesamte Dampf abgelassen wurde, drücken Sie „Abbrechen". Entriegeln Sie den Deckel und öffnen Sie ihn vorsichtig. Gießen Sie die Nudeln in ein Sieb, lassen Sie sie abtropfen und vermengen Sie sie mit etwas Öl, damit sie beim Stehen nicht zusammenkleben. Wischen Sie den Innentopf aus.

Garnele

1.　　Drücken Sie Sauté und erhitzen Sie den Innentopf. Das Öl hinzufügen und, wenn es heiß ist, die Schalotte unterrühren. Etwa 1 Minute kochen lassen, bis es gerade anfängt, Farbe zu nehmen. Geben Sie die Garnelen und den Dill hinzu und vermengen Sie sie, bis sie mit dem Öl bedeckt sind. Unter häufigem Rühren kochen, bis die Garnelen undurchsichtig werden und auf beiden Seiten rosa werden, jeweils 1 bis 2 Minuten, bis sie gar sind. Leicht mit Salz und Pfeffer bestreuen. Nehmen Sie die Garnelen mit einem Schaumlöffel aus dem Topf und geben Sie sie zu den Nudeln. abdecken, um warm zu bleiben.

Zitronen-Sahnesauce

1.　　Geben Sie die Butter in den Innentopf und erhitzen Sie sie, bis sie vollständig geschmolzen ist. Sahne, Knoblauch, Zitronensaft und Zitronenschale unterrühren. Kochen, bis es warm ist, dabei häufig umrühren, um ein Anbrennen zu vermeiden. Den Knoblauch wegwerfen. 1 Tasse (100 g) Parmesankäse unterrühren, bis eine glatte Masse entsteht. Drücken Sie Abbrechen. Abschmecken und bei Bedarf mit Salz und Pfeffer nachwürzen.

2.   Geben Sie die Nudeln und die Garnelen in die Soße und rühren Sie um, bis jedes Stück vollständig bedeckt ist. Setzen Sie den Deckel wieder auf und lassen Sie ihn einige Minuten ruhen, oder bis die Nudeln und Garnelen durchgewärmt sind. Falls die Soße zu dick wird, einen Spritzer Wasser hinzufügen.

3.   Zum Servieren die Nudeln und Garnelen in Schüsseln füllen und die Oberseite jeder Portion mit 1 Esslöffel (6 g) des restlichen Parmesankäses und etwas Petersilie bestreuen. Heiß servieren.

Ergiebigkeit: 4 Portionen

82. Klassisches ganzes gebackenes Hähnchen

ZUTATEN

1 (3 bis 5 Pfund oder 1362 bis 2270 g) ganzes Huhn

1 Esslöffel (18 g) Salz, geteilt

1 Zitrone, halbiert

1 Zwiebel, in Viertel schneiden

2 Teelöffel (4 g) frisch gemahlener Pfeffer

2 Teelöffel (4 g) Paprika

1 Teelöffel getrockneter Thymian

1 Tasse (235 ml) Wasser

Öl oder geschmolzene ungesalzene Butter (optional, für eine knusprige Haut)

METHODE

1.   Entfernen Sie eventuelle Innereien oder andere Innereien aus der Hähnchenhöhle. Mit einem Papiertuch trocken tupfen. Streuen Sie 1 Teelöffel (6 g) Salz in das Huhn. Legen Sie die geschnittenen Zitronen- und Zwiebelstücke in die Hähnchenmulde. Streuen Sie die restlichen 2 Teelöffel (12 g) Salz, Pfeffer, Paprika und Thymian gleichmäßig über das Huhn.

2.   Stellen Sie einen Untersetzer in den Innentopf Ihres elektrischen Schnellkochtopfs und geben Sie das Wasser hinein. Legen Sie das gewürzte Hähnchen mit der Brust nach oben auf den Untersetzer.

3.   Schließen und verriegeln Sie den Deckel und achten Sie darauf, dass sich der Dampfablassknopf in der Verschlussposition befindet. Bei hohem Druck 6 Minuten pro Pfund (454 g) kochen.

1,4 kg schweres Hähnchen = 18 Minuten

4 Pfund (1,8 kg) Hähnchen = 24 Minuten

5 Pfund (2,3 kg) Hähnchen = 30 Minuten

Wenn Ihr Huhn zwischen den Gewichten liegt, fügen Sie für jedes halbe Pfund (227 g) 3 Minuten hinzu.

Beispiel: Ein 2 kg schweres Huhn würde 27 Minuten bei hohem Druck entsprechen.

4.   Lassen Sie nach Ablauf der Garzeit 20 Minuten lang eine natürliche Entlüftung zu, stellen Sie dann den Druckentlastungsknopf in die Entlüftungsposition und lassen Sie den restlichen Dampf ab.
Wenn der Schwimmerstift herunterfällt, entriegeln Sie den Deckel und öffnen Sie ihn vorsichtig.
5.   Wenn Sie Ihre Hähnchenhaut knusprig mögen, nehmen Sie sie aus dem Topf und legen Sie sie auf ein mit Folie ausgelegtes Backblech. Mit Öl oder zerlassener Butter bestreichen und 2 bis 4 Minuten unter den Grill legen.

Ergiebigkeit: 4 Portionen

83. Garnelen und Grütze

ZUTATEN

Für die Garnelen

- 1 Pfund (454 g) Garnelen, geschält und entdarmt
- 1 Esslöffel (3 g) Old Bay Seasoning (Old Bay ist glutenfrei)
- 3 Scheiben geräucherter Speck, gewürfelt (Applegate Farms hat Speck)
- 1 mittelgroße gelbe Zwiebel, gehackt
- 1 rote oder grüne Paprika, entkernt, entkernt und gehackt
- 3 Knoblauchzehen, gehackt
- 1/2 Tasse (120 ml) Hühnerbrühe
- 1 (14,5 Unzen oder 406 g) Dose gewürfelte Tomaten
- 2 Esslöffel (30 ml) frisch gepresster Zitronensaft
- 1/2 Teelöffel Tabasco oder scharfe Soße, nach Geschmack 1/2 Teelöffel Salz
- 1/2 Teelöffel frisch gemahlener schwarzer Pfeffer 1/4 Tasse (60 ml) Sahne
- 1/4 Tasse (25 g) dünn geschnittene Frühlingszwiebeln, nur die grünen Teile

Für die Grütze

- 3/4 Tasse (105 g) Maiskörner (z. B. grobe Maiskörner von Bob's Red Mill)
- 11/2 Tassen (355 ml) Vollmilch 11/2 Tassen (355 ml) Wasser 1/2 Teelöffel Salz
- 1/2 Teelöffel frisch gemahlener schwarzer Pfeffer
- 2 Esslöffel (28 g) ungesalzene Butter

METHODE

Garnele

1. Die Garnelen trocken tupfen, mit Old Bay Seasoning bestreuen und beiseite stellen.

2. Drücken Sie Sauté auf Ihrem elektrischen Schnellkochtopf. Wenn der Innentopf heiß ist, fügen Sie den gewürfelten Speck hinzu und kochen Sie ihn 3 bis 5 Minuten

lang, bis er knusprig ist. Übertragen Sie den Speck auf einen mit Papiertüchern ausgelegten Teller, aber lassen Sie den Specktropfen im Topf. Zwiebel und Paprika in den Topf geben und 2 bis 3 Minuten kochen, bis die Zwiebel weich und durchscheinend ist. Fügen Sie den Knoblauch hinzu und kochen Sie ihn weitere 30 Sekunden lang, bis er duftet.

3.	Geben Sie die Hühnerbrühe in den Topf und rühren Sie gut um, um alle gebräunten Stücke vom Boden zu lösen. Fügen Sie die Tomaten und ihre Säfte, Zitronensaft, scharfe Soße, Salz und Pfeffer hinzu. Zum Kombinieren umrühren. Drücken Sie Abbrechen.

4.	Stellen Sie einen Untersetzer in den Topf. Stellen Sie sicher, dass die Basis des Topfuntersetzers über der Soße liegt.

Grütze

1.	In einer mittelgroßen Glas- oder Edelstahlschüssel, die in Ihren Schnellkochtopf passt, die Grütze, die Milch, das Wasser, das Salz und den Pfeffer verrühren. Decken Sie die Schüssel mit Aluminiumfolie ab und quetschen Sie die Ränder, um sie abzudichten. Stellen Sie die Schüssel mit einer Folienschlinge vorsichtig auf den Untersetzer im Innentopf.

2.	Schließen und verriegeln Sie den Deckel und achten Sie darauf, dass sich der Dampfablassgriff in der Verschlussposition befindet. 10 Minuten bei hohem Druck kochen. Lassen Sie 15 Minuten lang eine natürliche Druckentlastung zu, drehen Sie dann den Knopf in die Entlüftungsposition und lassen Sie den restlichen Dampf ab. Wenn der Schwimmerstift herunterfällt, entriegeln Sie den Deckel und öffnen Sie ihn vorsichtig. Nehmen Sie die Schüssel mit den Grützen heraus und stellen Sie sie beiseite.

3.	Entfernen Sie den Untersetzer mit einer Zange aus dem Topf. Die gewürzten Garnelen in den Topf geben. Schließen und verriegeln Sie den Deckel wieder, damit die Garnelen in der Restwärme fertig garen können.

6 bis 8 Minuten.

4. Während die Garnelen kochen, die Butter zu den Grützen geben und verrühren, bis die Butter vollständig geschmolzen ist und die Mischung cremig ist.

5. Öffnen Sie den Schnellkochtopf und rühren Sie die Garnelen vorsichtig um. Drücken Sie Abbrechen. Drücken Sie Sauté und rühren Sie dann die Sahne in die Garnelenmischung. Unter ständigem Rühren erhitzen, bis es durchgewärmt ist. Kochen Sie die Soße nicht.

6. Die Grütze in einzelne Servierschalen verteilen und dann mit den Garnelen und der Soße belegen. Mit den Frühlingszwiebeln und dem beiseite gestellten Speck garnieren.

Ergiebigkeit: 4 Portionen

GETRÄNKE

84. Rosengeranienlimonade

Ergibt aus einem knappen Viertel Sirup 2 bis 24 Viertel
Limonade
8 mittelgroße Zitronen
½ Tasse leicht gepackte Rosengeranienblätter (7 bis 10 kleine
Blätter)
2 Tassen feinster Zucker
Rosengeranienblüten zum Garnieren

RICHTUNGEN

Entfernen Sie mit einem Gemüseschäler die Schale der Zitronen
in breiten Streifen und bewahren Sie die Zitronen auf. Geben
Sie die Streifen zusammen mit den Rosengeranienblättern in ein
2-Liter-Glas oder einen nicht reaktiven Krug mit Deckel. Fügen
Sie den Zucker hinzu und zerdrücken Sie die Schalen und
Blätter mit einem Stößel oder der Rückseite eines Holzlöffels
mit dem Zucker, um ihre ätherischen Öle freizusetzen. Wenn
die Schalen mit Zucker bedeckt sind, decken Sie das Glas ab
und lassen Sie es über Nacht bei Zimmertemperatur stehen. Am
nächsten Tag ist der Zucker feucht und der Inhalt befindet
sich etwas tiefer im Glas. Die reservierten Zitronen entsaften;
Sie sollten etwa 2 Tassen Saft erhalten. Wenn Sie etwas zu
wenig haben, fügen Sie so viel Wasser hinzu, dass 2 Tassen
entstehen. Geben Sie den Saft zum Zucker und zu den Schalen,
decken Sie das Glas ab und schütteln Sie es kräftig, um den
Zucker aufzulösen, und vermischen Sie es mit dem Zitronensaft.
Probieren Sie den Sirup. Der Geschmack der Rosengeranie sollte
dezent sein. Wenn Sie möchten, seihen Sie den Sirup durch ein
feinmaschiges Sieb in ein sauberes Glas und bewahren Sie ihn im
Kühlschrank auf. (Für zusätzlichen Geschmack fügen Sie noch
ein paar Blätter hinzu und lassen Sie das Glas über Nacht im
Kühlschrank stehen, bevor Sie den Sirup abseihen.)
Um Limonade zuzubereiten, gießen Sie Sirup und Wasser zu
gleichen Teilen in ein hohes Glas. Nehmen Sie einen Schluck und

fügen Sie je nach Geschmack mehr Wasser oder Sirup hinzu. Auf Eis servieren und mit ein paar Blumen garniert.

Rosengeranie ist ein altmodisches Aroma, perfekt für Limonade. Es kann schwierig sein, es zu finden, es sei denn, Sie bauen es selbst an oder haben eine zuverlässige Quelle. In den meisten Gärtnereien gibt es duftende Geranien, Sie können aber auch einen anderen Kräuterzusatz verwenden – Lavendel, Basilikum, Zitronenverbene und Rosmarin sind weitere Favoriten.

85. Erdbeer-Zitronen-Agua Fresca mit Basilikum

Ergibt etwa 2½ Quart Agua Fresca

1 Zitrone

½ Tasse) Zucker

4 Tassen reife Erdbeeren, entstielt und halbiert (ca. 1 Pfund)

1 Tasse leicht verpackte frische Basilikumblätter

RICHTUNGEN

Entfernen Sie die Zitronenschale mit einem Gemüseschäler und geben Sie die Schalen zusammen mit dem Zucker in einen großen, nicht reaktiven Krug oder ein 4-Liter-Glas. Mit einem Stößel oder der Rückseite eines Holzlöffels die Schalen mit dem Zucker zerdrücken, um die ätherischen Öle freizusetzen. Beiseite legen.

Schneiden Sie die Blüten- und Stielenden der Zitrone ab und entfernen Sie so viel Schale, dass das Fruchtfleisch sichtbar ist. Schneiden Sie mit einem scharfen Gemüsemesser die weiße Haut ab, hacken Sie das Fruchtfleisch in kleine Stücke und entfernen Sie dabei die Kerne.

Zitronenmark, Erdbeeren und Basilikumblätter in einem Mixer mit ausreichend Wasser pürieren, um die Mischung aufzulockern (ca. ½ Tasse). Durch ein feinmaschiges Sieb in den Krug mit den Schalen und dem Zucker abseihen und mindestens so viel kaltes Wasser wie Püree hinzufügen, beginnend mit 5 Tassen. Die Flüssigkeit mit dem Zucker verrühren, bis er sich aufgelöst hat, abschmecken und nach Belieben noch mehr Zucker und Wasser hinzufügen. Das Agua Fresca sollte leicht, erfrischend und kaum süß sein. Auf zerstoßenem Eis servieren.

86. Zitronen-Minz-Limonina

Ergibt 1 Portion

1 eine Tasse Zucker

1-Zoll-Stück Ingwer, geschält und grob gerieben

2 kleine Zitronen

⅓ Tasse verpackte frische Minzblätter

1½ Tassen zerstoßenes Eis oder etwa 7 Eiswürfel

RICHTUNGEN

In einem kleinen Topf den Zucker mit 1 Tasse Wasser vermischen. Bringen Sie die Mischung bei mittlerer bis hoher Hitze zum Kochen und rühren Sie dabei gelegentlich um. Wenn sich der Zucker aufgelöst hat, den Ingwer hinzufügen und die Pfanne vom Herd nehmen. Lassen Sie den Ingwer im einfachen Sirup und lassen Sie ihn vollständig abkühlen. Wenn Sie nur 1 oder 2 Limonina zubereiten, bleibt Sirup übrig. Verwenden Sie es zum Süßen von heißem oder kaltem Tee oder fügen Sie einen Spritzer Mineralwasser oder Limonade hinzu. Es ist mehrere Wochen haltbar.

Schneiden Sie in der Zwischenzeit die Blüten- und Stielenden der Zitronen ab und entfernen Sie so viel Schale, dass das Fruchtfleisch sichtbar ist. Schneiden Sie mit einem scharfen Gemüsemesser die Schale und die weiße Haut ab. Legen Sie die Schale für eine andere Verwendung beiseite. Schneiden Sie das Fruchtfleisch in kleine Stücke und entfernen Sie dabei die Kerne.

Geben Sie das Zitronenmark mit der Minze, einer halben Tasse Ingwersirup, etwas geriebenem Ingwer und dem Eis in einen Mixer. Mischen Sie es, bis es matschig ist, und fügen Sie bei Bedarf Wasser hinzu, um dieses Getränk durch einen Strohhalm zu trinken.

87. Hausgemachtes Limoncello

Ergibt etwa 8 Tassen Limoncello

10 Zitronen, vorzugsweise Bio

1 (750 ml) Flasche 100-prozentiger Wodka

3 Tassen Zucker

RICHTUNGEN

Entfernen Sie mit einem Gemüseschäler die Schale in breiten Streifen von den Zitronen und schneiden Sie dabei das auf der Schale verbleibende Mark ab. Legen Sie die Früchte für eine andere Verwendung beiseite. Geben Sie die Schalen in einen großen, nicht reaktiven Behälter und gießen Sie die Flasche Wodka darüber. Decken Sie den Behälter mit Plastikfolie ab und bewahren Sie ihn so lange wie möglich an einem kühlen, dunklen Ort auf, mindestens 2 Wochen und vorzugsweise 4 Wochen.

In einem mittelgroßen Topf 4 Tassen Wasser mit dem Zucker unter ständigem Rühren zum Kochen bringen, bis sich der Zucker aufgelöst hat. Nehmen Sie die Pfanne vom Herd und lassen Sie sie vollständig abkühlen. Den Zuckersirup zum Wodka geben, abdecken und das Limoncello 24 Stunden ruhen lassen. Die Mischung in ein sauberes 2-Liter-Glas mit Deckel abseihen und die Zitronenschalen wegwerfen. Im Gefrierschrank aufbewahren.

VARIATION: Für cremiges Limoncello eine gespaltene und ausgekratzte Vanilleschote zu den Zitronenschalen und dem Wodka geben. Bringen Sie am Ende von 2 Wochen (oder 4 Wochen) 8 Tassen Vollmilch mit 5 Tassen Zucker zum Kochen. 5 Minuten köcheln lassen, bis sich der Zucker aufgelöst hat, vom Herd nehmen und vollständig abkühlen lassen. Geben Sie den Milchsirup zum Wodka und seihen Sie ihn in eine durchsichtige Flasche oder ein Glas ab. Im Gefrierschrank aufbewahren.

88.Zitronenstange für Erwachsene

Ergibt 1 Portion

2 Unzen hausgemachtes Limoncello oder im Laden gekauftes

2 Unzen Gin

1 Unze frisch gepresster Zitronensaft

5 große frische Pfefferminzblätter

Zitronenscheibe zum Garnieren

Limonade oder Mineralwasser (optional)

RICHTUNGEN

Füllen Sie einen Cocktailshaker oder ein Glasgefäß mit Deckel mit Eiswürfeln. Limoncello, Gin, Zitronensaft und Minzblätter hinzufügen. Kräftig schütteln, bis es gut gekühlt ist. Abseihen und in einem mit einer Zitronenscheibe garnierten Martiniglas oder in einem mit Eis gefüllten Longdrinkglas servieren, aufgefüllt mit Limonade.

89. Grün-Zitronen-Shots

Ergibt 2 Portionen

1 Zitrone, geviertelt

2 grüne Äpfel, wie Newtown Pippin oder Granny Smith

2 verpackte Tassen Grünkohl- oder Spinatblätter

1-Zoll-Knopf Ingwer, geschält

RICHTUNGEN

Entfernen Sie alle sichtbaren Kerne aus den Zitronenvierteln und schneiden Sie die Äpfel (ungeschält und entkernt) in Stücke, die durch den Einfüllschacht Ihres Entsafters passen. Geben Sie die Zitrone hinzu, gefolgt vom Apfel und dem Grünkohl. Schicken Sie den Ingwer zuletzt durch und genießen Sie ihn sofort.

90. Zitronen-Rosmarin-Gerstenwasser

Ergibt 2 Quart Gerstenwasser

1 Tasse Graupen, gut abgespült

4 Zitronen, mit einem Gemüseschäler schälen, Früchte entsaften, teilen

1 Tasse feinster Zucker

4 Zweige frischer Rosmarin

RICHTUNGEN

In einem großen Topf die Gerste mit 2 Liter kaltem Wasser und der Hälfte der Zitronenschalen vermischen. Abdecken und bei starker Hitze zum Kochen bringen. Reduzieren Sie die Hitze auf köcheln und lassen Sie es teilweise abgedeckt 30 Minuten weiterkochen, oder bis die Gerste zart, aber nicht matschig ist. Geben Sie in der Zwischenzeit die restlichen Schalen und den Zucker in ein großes Weithalsglas oder einen nicht reaktiven Krug und zerdrücken Sie die Schalen mit einem Stößel oder der Rückseite eines Holzlöffels mit dem Zucker, um ihre ätherischen Öle freizusetzen.

Wenn die Gerste gar ist, das Gerstenwasser in das Glas abseihen und den Rosmarin hinzufügen. Rühren Sie, bis sich der Zucker aufgelöst hat, und probieren Sie dabei gelegentlich, um die Stärke des Rosmaringeschmacks abzuschätzen. Entfernen Sie die Zweige, wenn es Ihnen schmeckt. Den Saft von 2 oder mehr Zitronen hinzufügen und im Kühlschrank aufbewahren. Lassen Sie die Schalen für zusätzlichen Geschmack im Glas.

GEWÜRZE

91.Konservierte Zitronen

Ergibt 6 konservierte Zitronen, in Achtel geschnitten
1 Dutzend kleine Zitronen (ca. 3 Pfund)
1 Tasse grobes Meersalz
Natives Olivenöl extra

RICHTUNGEN

Füllen Sie ein 1-Liter-Einmachglas mit kochendem Wasser. Lassen Sie das Wasser 1 Minute lang stehen; Lassen Sie das Glas abtropfen und drehen Sie es zum Trocknen auf ein sauberes Handtuch. Schneiden Sie die Stiel- und Blütenenden von 6 Zitronen ab, entfernen Sie sie und schneiden Sie sie der Länge nach in Achtel. Geben Sie die Keile in eine nicht reaktive Schüssel. Die restlichen Zitronen entsaften; Sie sollten am Ende etwa 1 Tasse Saft haben. Den Saft beiseite stellen.

Geben Sie das Salz in die Schüssel und vermischen Sie die Zitronenstücke damit, bevor Sie sie in das Glas füllen. Wenn Sie das Glas füllen, geben Sie das Salz aus der Schüssel hinzu und verteilen Sie es gleichmäßig im Glas. Bedecken Sie die Zitronen mit dem Saft und lassen Sie zwischen dem Saft und dem nicht reaktiven Deckel einen Abstand von ½ Zoll frei. Lassen Sie die Zitronen eine Woche lang bei Zimmertemperatur ruhen. Schütteln Sie das Glas jeden Tag, um Salz und Saft neu zu verteilen. Nach einer Woche Öl hinzufügen, bis es bedeckt ist, und bis zu 6 Monate im Kühlschrank aufbewahren.

92. Hausgemachter Ricotta-Käse

Ergibt 1 großzügige Tasse Käse

4 Tassen Vollmilch, nicht UHT-pasteurisiert und vorzugsweise biologisch, wie zum Beispiel Organic Valley

1 Tasse Sahne (optional)

½ Teelöffel koscheres Salz

3 bis 4 Esslöffel frisch gepresster Zitronensaft

RICHTUNGEN

In einem nicht reaktiven Topf bei mittlerer bis hoher Hitze Milch, Sahne und Salz erwärmen und dabei gelegentlich umrühren, um ein Anbrennen zu vermeiden. Wenn die Milch auf einem sofort ablesbaren Thermometer 180 Grad F anzeigt, nehmen Sie den Topf vom Herd. Fügen Sie den Zitronensaft hinzu (3 Esslöffel für nur Milch; 4 Esslöffel für Milch und Sahne), rühren Sie ein- oder zweimal um und lassen Sie die Mischung etwa 15 Minuten lang ungestört stehen, während sich Quark und Molke trennen.

Legen Sie ein Sieb oder ein Sieb mit einem Käsetuch, ungebleichten Papiertüchern oder einem großen Kaffeefilter aus. Stellen Sie es über eine Schüssel und schöpfen Sie den Quark in das Sieb. Lassen Sie den Ricotta bis zur gewünschten Dicke abtropfen. Ich mag es, wenn mein Ricotta eine cremige Konsistenz hat, ähnlich wie griechischer Joghurt. Stellen Sie den Ricotta in einen sauberen Behälter in den Kühlschrank und verbrauchen Sie ihn innerhalb von 4 bis 5 Tagen.

93. Zitronenquark

Ergibt etwa 1⅓ Tassen Quark

1 Tasse Zucker

¼ Tasse grob gehackte Zitronenschale (von 4 mittelgroßen Zitronen)

6 Eigelb

½ Tasse frisch gepresster Zitronensaft (von 2 mittelgroßen Zitronen)

6 Esslöffel ungesalzene Butter, in kleine Stücke geschnitten

½ Teelöffel koscheres Salz

RICHTUNGEN

Bereiten Sie ein Wasserbad für den Quark vor: Füllen Sie einen mittelgroßen Topf mit ein paar Zentimetern Wasser und bringen Sie das Wasser zum Kochen. Lassen Sie das Wasser bei schwacher Hitze köcheln, während Sie den Quark kochen.

In einer nicht reaktiven Schüssel, die klein genug ist, um in den Topf mit Wasser zu passen, Zucker, Schale und Eigelb verquirlen. (Gehen Sie schnell vor: Wenn Sie warten, gerinnt die Mischung.) Stellen Sie die Schüssel über die Pfanne und rühren Sie kontinuierlich, bis sich der Zucker aufgelöst hat. Den Zitronensaft hinzufügen und unter ständigem Rühren etwa 5 Minuten kochen lassen, bis die Mischung ganz leicht einzudicken beginnt. Fügen Sie Butter und Salz hinzu, wechseln Sie dann zu einem Spatel und rühren Sie ständig um, bis die Mischung dick und undurchsichtig ist, mit einer Konsistenz zwischen Joghurt und Sauerrahm, weitere etwa 10 Minuten. Der Quark zeigt auf einem sofort ablesbaren Thermometer etwa 170 Grad Fahrenheit an.

Den Quark durch ein feinmaschiges Sieb in eine saubere Schüssel abseihen und mit Frischhaltefolie abdecken und direkt auf die Oberfläche legen, damit sich keine Haut bildet. Etwa 1 Stunde im Kühlschrank lagern, bis es fest ist.

94. Zitronenchutney mit Datteln und Koriander

Ergibt 2 Gläser mit halbem Pint

4 Zitronen (ca. 1 Pfund)

1 Esslöffel koscheres Salz

⅓ Tasse fein gehackte Schalotten

¼ Tasse frisch gepresster Zitronensaft (von 1 mittelgroßen Zitrone)

¼ Tasse Apfelessig

2 Teelöffel geschälter und geriebener frischer Ingwer

1 Esslöffel gelbe Senfkörner

1 Teelöffel Koriandersamen, leicht geröstet und zerstoßen

½ Teelöffel rote Paprikaflocken

1 Tasse dunkelbrauner Zucker

1 Tasse entsteinte, fein gehackte Datteln (ca. 5½ Unzen)

RICHTUNGEN

Entfernen Sie mit einem Gemüseschäler die Schale von den Zitronen und schneiden Sie dabei das verbleibende Mark auf der Schale ab. Entfernen Sie mit einem scharfen Gemüsemesser die Schale von den Zitronen. Das Fruchtfleisch und die Schalen fein hacken, die Kerne entfernen und sie zusammen mit dem Salz und den Säften vom Schneidebrett in eine nicht reaktive Schüssel geben. Decken Sie die Schüssel ab und lassen Sie sie über Nacht auf der Arbeitsfläche stehen.

Geben Sie am nächsten Tag den Inhalt der Schüssel mit den Schalotten in einen nicht reaktiven Topf. Zitronensaft, Apfelessig, Ingwer, Senf- und Koriandersamen, Pfefferflocken und braunen Zucker unterrühren. Bringen Sie die Mischung bei mittlerer bis hoher Hitze langsam zum Kochen und rühren Sie, bis sich der Zucker aufgelöst hat.

Fügen Sie die Datteln hinzu und reduzieren Sie die Hitze auf köcheln. Bei schwacher Hitze unter gelegentlichem Rühren weiterkochen, bis die Mischung dick und glänzend ist (45 Minuten bis 1 Stunde).

Bei Bedarf mit zusätzlichem Salz abschmecken. Wenn Sie das Chutney nicht innerhalb von zwei Wochen verbrauchen möchten, füllen Sie es in heiße, sterilisierte Gläser und verarbeiten Sie es im Wasserbad gemäß den Anweisungen des Glasherstellers. Lagern Sie sie bis zu einem Jahr an einem kühlen, dunklen und trockenen Ort.

95. Mit Zitronen angereichertes Olivenöl

Ergibt 1 Tasse

2 mittelgroße Zitronen

1 Teelöffel feines Meersalz

1 Tasse natives Olivenöl extra

RICHTUNGEN

Entfernen Sie mit einem Gemüseschäler die Schale von den Zitronen und schneiden Sie dabei das verbleibende Mark auf der Schale ab. Legen Sie die Früchte für eine andere Verwendung beiseite. Sie sollten ungefähr $\frac{1}{4}$ Tasse Schalen haben. Geben Sie die Schalen in einen großen Mörser oder eine nicht reaktive Schüssel. Bestreuen Sie die Schalen mit dem Salz und reiben Sie die Schalen mit einem Stößel, Stößel oder der Rückseite eines Holzlöffels mit dem Salz ein, bis es sich auflöst. Fügen Sie ein Viertel des Öls hinzu und vermischen Sie die Schalen vorsichtig 1 Minute lang mit dem Öl, oder bis das Öl sehr aromatisch ist. Den Rest des Öls hinzufügen, umrühren und den Mörser locker mit Plastikfolie abdecken. Lassen Sie das Öl drei Tage lang bei Raumtemperatur ziehen, bevor Sie es in ein sauberes, trockenes Glasgefäß abseihen. Bewahren Sie es bis zu 6 Monate im Kühlschrank oder einem kühlen, dunklen Schrank auf.

96. Meyer Zitronen-Grapefruit-Marmelade

Ergibt 6 Pint-Gläser

3 große rote oder rosa Grapefruit (ca. 3 Pfund), vorzugsweise
   aus biologischem Anbau

4 bis 6 Meyer-Zitronen (ca. 1 Pfund), vorzugsweise aus
   biologischem Anbau

4 Tassen Zucker

1 Vanilleschote, gespalten und ausgekratzt

RICHTUNGEN

Halbieren Sie die Grapefruit und geben Sie sie zusammen mit
den ganzen Zitronen in einen großen, nicht reaktiven
Suppentopf. So viel kaltes Wasser hinzufügen, dass die Frucht
einige Zentimeter bedeckt ist, und ohne Deckel ca. 1 Stunde
köcheln lassen, bis die Frucht sehr weich ist. (Verwenden Sie
einen Holzspieß, um die Frucht zu testen; er sollte leicht in die
Schale eindringen.) Wenn die Zitronen vor der Grapefruit fertig
sind, nehmen Sie sie zum Abkühlen in eine Schüssel. Wenn die
Grapefruithälften fertig sind, legen Sie sie zum Abkühlen
beiseite.

Wenn die Frucht kühl genug zum Anfassen ist, halten Sie eine
Grapefruithälfte in der Handfläche und schöpfen Sie das
Fruchtfleisch und die Membran mit einem Löffel über eine
mittelgroße Schüssel und entfernen Sie dabei alle Kerne.
Anschließend mit dem Löffel überschüssiges Mark und Fasern
vorsichtig von der Schale abkratzen und entfernen. Halbieren
Sie jede Grapefruitschale und schneiden Sie sie quer in $\frac{1}{4}$-Zoll-
Streifen. Geben Sie die Streifen in einen Behälter mit Deckel
und bewahren Sie sie bis zum nächsten Tag im Kühlschrank auf.
(Das Hinzufügen der Grapefruitschale während des Prozesses
stellt sicher, dass die Form erhalten bleibt und ein leichter Biss
bleibt.)

Wiederholen Sie den Vorgang mit den Zitronen, geben Sie die
Membran und den Saft oder das Fruchtfleisch in dieselbe
Schüssel und entfernen Sie dabei die Kerne. Bevor Sie die

Schalen in die Schüssel geben, gehen Sie sie noch einmal durch und entfernen Sie alle Kerne, die Sie möglicherweise übersehen haben. Die Schalen grob hacken und in die Schüssel geben. Geben Sie den Inhalt der Schüssel in die Schüssel einer Küchenmaschine. Verarbeiten Sie es, bis die Früchte und die Zitronenschale fein gehackt sind, und geben Sie sie in einen kupfernen Einmachtopf oder einen breiten, nicht reaktiven Topf. 3 Tassen kaltes Wasser, Zucker und Vanilleschote hinzufügen. Bringen Sie die Mischung bei starker Hitze zum Kochen und rühren Sie dabei ein- oder zweimal um, um die Zutaten zu vermischen. Nehmen Sie den Topf vom Herd und stellen Sie ihn gut abgedeckt über Nacht in den Kühlschrank. Am nächsten Tag die zurückbehaltene Grapefruitschale mit den Früchten in die Pfanne geben und die Mischung ohne Deckel bei starker Hitze zum Kochen bringen. Bei lebhaftem Kochen etwa 30 Minuten kochen lassen. Die Mischung wird zunächst leicht sprudeln. Wenn die Feuchtigkeit auskocht und sich der Zucker konzentriert, entsteht Schaum. Nachdem es zu schäumen beginnt, alle paar Minuten umrühren. Die Bläschen werden kleiner, wenn die Marmelade kurz vor der Zubereitung steht (zwischen 100 und 100 °C). (Geben Sie etwas davon auf einen Teller und stellen Sie ihn für 3 Minuten in den Kühlschrank. Wenn die Marmelade wie Marmelade eindickt, ist sie fertig.) Wenn sie fertig ist Wenn alles fest ist, nehmen Sie den Topf vom Herd und entfernen Sie eventuellen Schaum auf der Oberfläche mit einem sauberen Löffel. Entfernen Sie die Vanilleschote und entsorgen Sie sie. Füllen Sie die Marmelade in heiße, sterilisierte Gläser und verarbeiten Sie sie im Wasserbad gemäß den Anweisungen des Glasherstellers. Bewahren Sie die Marmelade an einem kühlen, dunklen Ort auf.

97. Kandierte Zitronenbänder

Ergibt 20 bis 24 gezuckerte Schalen

4 mittelgroße Zitronen, vorzugsweise Bio

2 Tassen Zucker, plus etwas Zucker zum Beschichten der Schalen

$\frac{1}{4}$ Teelöffel Weinstein oder 2 Esslöffel Maissirup

RICHTUNGEN

Entfernen Sie mit einem Gemüseschäler die Schale in $\frac{1}{2}$ bis 1 Zoll breiten Streifen von den Zitronen und schneiden Sie dabei das auf der Schale verbleibende Mark ab. Schneiden Sie die Schalen bei Bedarf in dünnere Streifen und legen Sie die Früchte für eine andere Verwendung beiseite.

Geben Sie die Schalen in einen nicht reaktiven Topf und bedecken Sie sie mit kaltem Wasser. Bringen Sie das Wasser bei mittlerer bis hoher Hitze zum Kochen. Kochen Sie die Schalen 1 Minute lang, lassen Sie sie abtropfen und bedecken Sie sie mit frischem, kaltem Wasser. Wiederholen Sie den Vorgang noch zweimal, lassen Sie die Schalen dann abtropfen und legen Sie sie auf einen Teller.

In derselben Pfanne 1 Tasse Wasser mit Zucker und Weinstein zum Kochen bringen und dabei gelegentlich umrühren, bis sich der Zucker aufgelöst hat. Geben Sie die Schalen in den Sirup, reduzieren Sie die Hitze auf köcheln und kochen Sie sie etwa eine Stunde lang sanft, bis sie durchscheinend sind. Lassen Sie die Schalen im Sirup vollständig abkühlen und geben Sie sie dann mit einem Schaumlöffel auf einen Rost über einem Backblech mit Rand. (Bewahren Sie den Sirup für eine andere Verwendung im Kühlschrank auf.) Lassen Sie die Schalen mehrere Stunden lang trocknen, oder bis sie klebrig, aber nicht nass sind. (Wenn sie noch feucht sind, wischen Sie den restlichen Sirup mit einem Papiertuch ab.) Verteilen Sie eine Handvoll Zucker auf einem Teller und wenden Sie die Schalen nacheinander in den Zucker, sodass sie vollständig bedeckt sind. Bewahren Sie die Schalen bis zu 3 Monate in einem Behälter mit dicht schließendem Deckel auf.

Der übrig gebliebene Sirup, der beim Kandieren der Zitronenschalen übrig bleibt, ist dickflüssig und intensiv süß und hält sich im Kühlschrank unbegrenzt lange. Verwenden Sie es sparsam in süßem Tee, fügen Sie es zu Mineralwasser hinzu, um italienische Limonaden zuzubereiten, oder spritzen Sie es in Ihre Lieblings-Gin- oder Wodka-Cocktails. Es schmeckt auch gut in Naturjoghurt eingerührt, über frisches Obst geträufelt oder auf einen Gugelhupf mit Butter und Eiern gestrichen, der frisch aus dem Ofen kommt.

98. Knoblauch-Ranch-Dressing

ZUTATEN:

1 Teelöffel Knoblauchpulver

2 Esslöffel Mayonnaise

2 Teelöffel Dijon-Senf

2 Esslöffel frischer Zitronensaft

Salz und frisch gemahlener schwarzer Pfeffer nach Geschmack

RICHTUNGEN

Alle Zutaten in einer Salatschüssel vermischen.

Mit einem Salat vermischen und servieren.

99. Zitrusvinaigrette

ZUTATEN:

1 Esslöffel frischer Zitronensaft

1 Esslöffel frischer Limettensaft

1 Esslöffel frischer Orangensaft

1 Teelöffel Reisweinessig

3 Esslöffel natives Olivenöl extra

½ Teelöffel Zucker

Salz und frisch gemahlener schwarzer Pfeffer nach Geschmack

RICHTUNGEN

Alle Zutaten in einer großen Salatschüssel vermischen.

Salatblätter auf das Dressing schichten.

Kurz vor dem Servieren umrühren.

100. Zitronenquark

Ergibt ca. 460 g (2 Tassen)

Zutaten

- 3 Zitronen, geschält
- 100 g Zucker [½ Tasse]
- 4 Eier
- 1 Gelatineblatt
- 115 g Butter, sehr kalt [8 Esslöffel (1 Stange)]
- 2 g koscheres Salz [½ Teelöffel]

Richtungen

a) 80 g (⅓ Tasse) Saft aus den Zitronen auspressen.

b) Zucker, Zitronenschale und Zitronensaft in einen Mixer geben und mixen, bis sich die Zuckerkörner aufgelöst haben. Die Eier hinzufügen und auf niedriger Stufe mixen. Geben Sie den Inhalt des Mixers in einen mittelgroßen Topf oder Topf. Reinigen Sie den Mixerbehälter.

c) Die Gelatine aufkochen.

d) Erhitzen Sie die Zitronenmischung bei schwacher Hitze und rühren Sie dabei regelmäßig um. Beim Erhitzen beginnt es dicker zu werden; behalte es im Auge. Sobald es kocht, nehmen Sie es vom Herd und geben Sie es in den Mixer. Geben Sie die aufgeschäumte Gelatine, die Butter und das Salz hinzu und mixen Sie, bis die Mischung dick, glänzend und superweich ist.

e) Gießen Sie die Mischung durch ein feinmaschiges Sieb in einen hitzebeständigen Behälter und stellen Sie sie mindestens 30 Minuten lang in den Kühlschrank, bis der Lemon Curd vollständig abgekühlt ist.

ABSCHLUSS

Zitronen sind immer verfügbar, aber Sie haben vielleicht bemerkt, dass Zitrusfrüchte in den Wintermonaten am besten schmecken, wenn sie in einem reichhaltigen Gericht am dramatischsten transformierend und ausgleichend wirken. Der kräftige, klare Geschmack von Zitronen durchdringt die Schwere der fetthaltigen Speisen, die wir an Feiertagen genießen, und die beste Marmelade wird aus Winterfrüchten hergestellt. Aber Zitronen haben eine beharrliche Persönlichkeit, die es ihnen ermöglicht, das ganze Jahr über eine führende und zugleich ergänzende Rolle zu spielen, wenn sie mit delikateren Zutaten wie Frühlingsgemüse, Sommerbeeren sowie Eiern und Sahne kombiniert werden.

Was qualifiziert also ein Gericht für die Aufnahme in ein Zitronenkochbuch? Das habe ich mich bei der Entwicklung dieser Rezepte oft gefragt. Einige enthalten ganze Zitronen – Schale, Fruchtfleisch und Mark – und verkünden stolz: „Ich bin eine Zitrone, höre mich brüllen." Andere erhalten ihren kräftigen Geschmack durch die Schale der Frucht und ihre ätherischen Öle. Wieder andere werden durch einen einfachen, wohlüberlegten Spritzer Zitrone bemerkenswert aufgewertet. Erfrischend und vielseitig: Zitronen haben ihren Platz in unseren Getränken, auf unseren Pizzen und auf unseren Frühstückstischen. Schälen und entsaften Sie sie, ja, aber rösten, grillen und konservieren Sie sie auch. Und wenn der Frühling naht, stechen Sie einen mit einem Pfefferminzstäbchen ein; Ich garantiere, es wird Sie zum Lachen bringen – und zum Lachen bringen.